즉석활용!
지름길 여행일본어

편집부 編

정진출판사

들어가면서

 오늘날은 정보화, 세계화 시대라고 일컬어질 만큼 인터넷과 정보통신기술의 발달로 지구촌이 하나의 이웃인 세상이 되었습니다. 특히 지리적으로 가까운 일본은 관광뿐 아니라 사업과 연수·문화교류 등으로 우리나라 여행자가 많이 찾는 나라입니다.
 해외여행을 보다 유익하고 알뜰하게 하려면 먼저 뚜렷한 여행목적을 세워 이에 따른 여행시기와 기간, 비용 등을 고려한 후, 다음에는 여행시 가장 필요한 회화를 어느 정도 마스터하는 것이 순서일 것입니다.
 이 책은 일본여행을 떠나기 전 짧은 시간 안에 생활일어를 익힐 수 있도록 만든 기초 회화집으로, 여행중 발생할 수 있는 여러 상황에 대비하여 그때그때 필요한 회화와 단어를 우리말 토와 함께 정선·수록함으로써 즉석에서 활용할 수 있도록 하였습니다.
 또한 여행중 긴 문장이 얼른 생각나지 않을 때 필요한 단어만이라도 상대방에게 전달해 의사소통이 가능하도록 각 상황에 맞는 기본어휘를 정리해 놓았습니다. 두서너 번 반복하는 데도 상대방이 잘 알아듣지 못할 때는 말하고 싶은 우리말에 해당하는 일본어를 이 기본어휘에서 찾아 손가락으로 짚어 보이면 웬만큼은 의사전달이 가능할 것입니다.
 이 책 한 권만 간편하게 들고 일본여행을 떠난다면 즐겁고 유쾌한 여행길이 되리라 확신합니다.

엮은이

제1부 해외여행 회화

Part I 도착지의 공항에서 호텔까지 —— 13

1. 기내에서/16
2. 입국심사/18
3. 수화물 찾기/20
4. 세관에서/22
5. 환전/24

Part II 호텔에서 —— 27

1. 예약할 때/30
2. 프런트에서/32
3. 예약을 못한 경우/34
4. 룸서비스 이용 ①/36
5. 룸서비스 이용 ②/38
6. 문제가 발생했을 때/40
7. 체크아웃/42

Part III 식당에서 —— 45

1. 식당 예약/48

차 례

2. 요리 주문/50
3. 요리에 관한 표현/52
4. 기타 주문/54
5. 문제가 발생했을 때/56
6. 계산할 때/58

Part IV 쇼 핑 — 61

1. 물건을 찾을 때/64
2. 물건을 고를 때 ①/66
3. 물건을 고를 때 ②/68
4. 물건이 마음에 안 들 때/70
5. 물건을 살 때/72
6. 계산할 때/74
7. 환불, 교환할 때/76

Part V 교통과 관광 — 79

1. 길을 물을 때 ①/82
2. 길을 물을 때 ②/84
3. 위치를 알려 줄 때 ①/86
4. 위치를 알려 줄 때 ②/88
5. 버스를 이용할 때/90
6. 지하철을 이용할 때/92

7. 택시를 이용할 때/94
  8. 기차를 이용할 때/96
  9. 관광지에서 ①/98
  10. 관광지에서 ②/100

Part VI 일상생활의 장소 ——————— 103

  1. 우체국/106
  2. 은행/108
  3. 미용실·이발소/110

Part VII 질병과 사고 ——————————— 113

  1. 약국에서/116
  2. 병원에서 ①/118
  3. 병원에서 ②/120
  4. 귀중품을 잃어버렸을 때/122
  5. 사고가 났을 때/124

Part VIII 전 화 ——————————————— 127

  1. 전화 걸 때/130
  2. 전화 받을 때/132

3. 부재중일 때/134
4. 메시지를 남길 때/136
5. 국제전화 걸 때/138
6. 기타/140

제2부 일상 생활 회화

Part I 소개와 인사 —————— 145

1. 자기를 소개할 때/148
2. 타인을 소개할 때/150
3. 안부를 물을 때/152
4. 오랜만에 만났을 때/154
5. 작별할 때/156
6. 안부를 전할 때/158

Part II 시간·요일·날짜·숫자 —————— 161

1. 시간을 말할 때/164
2. 요일을 말할 때/166
3. 날짜를 말할 때/168
4. 숫자를 말할 때/170

Part III 감정 표현 ——— 173

1. 기쁠 때/176
2. 좋지 않을 때/178
3. 화날 때/180
4. 실망스러울 때/182
5. 놀랐을 때/184
6. 고마움을 나타낼 때/186
7. 감사 표시에 대한 대답/188
8. 사과할 때/190
9. 사과 표시에 대한 대답/192

Part IV 의사 표현 ——— 195

1. 동의할 때/198
2. 동의하지 않을 때/200
3. 의견을 물을 때/202
4. 잘 듣지 못했을 때/204
5. 좋아할 때/206
6. 싫어할 때/208
7. 더 좋은 것을 말할 때/210
8. 상관없을 때/212
9. 능력을 말할 때/214
10. 제안할 때/216

차례

11. 제안에 대한 대답/218
12. 조언을 구할 때/220
13. 조언을 할 때/222
14. 이해했나 확인할 때/224
15. 비교할 때/226

Part V 일상의 기본 표현 — 229

1. 칭찬할 때/232
2. 도움을 줄 때/234
3. 도움 제의를 받았을 때/236
4. 허락을 구할 때 ①/238
5. 허락을 구할 때 ②/240
6. 초대할 때/242
7. 초대에 대한 대답/244
8. 손님을 대접할 때/246
9. 주의를 줄 때/248
10. 위로할 때/250
11. 사람을 묘사할 때/252

■ 부록 ─ 여행노트/255

오십음도

우리나라에서 한자와 한글을 혼용하여 쓰고 있듯이, 일본에서도 한자와 일본 문자인 가나, 즉 히라가나와 가타카나를 함께 쓰고 있습니다. 오십음도(五十音図)란 히라가나와 가타카나를 발음체계에 따라 5단 10행으로 배열한 것을 말합니다.

	ひらがな(히라가나)					カタカナ(가타카나)				
あ行	아 あ	이 い	우 う	에 え	오 お	아 ア	이 イ	우 ウ	에 エ	오 オ
か行	카 か	키 き	쿠 く	케 け	코 こ	카 カ	키 キ	쿠 ク	케 ケ	코 コ
さ行	사 さ	시 し	스 す	세 せ	소 そ	사 サ	시 シ	스 ス	세 セ	소 ソ
た行	타 た	치 ち	츠 つ	테 て	토 と	타 タ	치 チ	츠 ツ	테 テ	토 ト
な行	나 な	니 に	누 ぬ	네 ね	노 の	나 ナ	니 ニ	누 ヌ	네 ネ	노 ノ
は行	하 は	히 ひ	후 ふ	헤 へ	호 ほ	하 ハ	히 ヒ	후 フ	헤 へ	호 ホ
ま行	마 ま	미 み	무 む	메 め	모 も	마 マ	미 ミ	무 ム	메 メ	모 モ
や行	야 や	(い)	유 ゆ	(え)	요 よ	야 ヤ	(イ)	유 ユ	(エ)	요 ヨ
ら行	라 ら	리 り	루 る	레 れ	로 ろ	라 ラ	리 リ	루 ル	레 レ	로 ロ
わ行	와 わ	(い)	(う)	(え)	오 を	와 ワ	(イ)	(ウ)	(エ)	오 ヲ
	응 ん					응 ン				

제1부

해외여행회화

Part I	도착지의 공항에서 호텔까지
Part II	호텔에서
Part III	식당에서
Part IV	쇼핑
Part V	교통과 관광
Part VI	일상생활의 장소
Part VII	질병과 사고
Part VIII	전화

Part I 도착지의 공항에서 호텔까지

1. 기내에서
2. 입국심사
3. 수화물 찾기
4. 세관에서
5. 환전

주요 표현 11

(1) 搭乗券を 拝見させて ください。
도-죠-껭오 하이껜사세떼 쿠다사이
탑승권을 보여 주세요.

(2) 何時に 着きますか。
난지니 츠끼마스까
몇 시에 도착합니까?

(3) ベルトを お締め ください。
베루또오 오시메 쿠다사이
벨트를 매 주세요.

(4) 水を ください。
미즈오 쿠다사이
물을 주세요.

(5) トイレは どこですか。
토이레와 도꼬데스까
화장실은 어디입니까?

제1부 I. 도착지의 공항에서 호텔까지

(6)
뉴-꼬꾸카-도오　미세떼　쿠다사이
入国カードを 見せて ください。
입국카드를 보여 주세요.

(7)
도꼬니　오토마리데스까
どこに お泊りですか。
어디에서 머무십니까?

(8)
뉴-꼬꾸노 모쿠떼끼와 난데스까
入国の 目的は 何ですか。
입국목적은 무엇입니까?

(9)
도노쿠라이　타이자이시마스까
どのくらい 滞在しますか。
얼마나 체재할 겁니까?

(10)
파스포-또오　미세떼　쿠다사이
パスポートを 見せて ください。
여권을 보여 주세요.

(11)
싱코꾸스루 모노와 아리마스까
申告する ものは ありますか。
신고할 것이 있습니까?

15

1. 기내에서

●기본 표현

^{와따시노 세끼와 도꼬데스까}
ⓐ **私の 席は どこですか。**
제 좌석은 어디입니까?

^{히다리가와데스}
ⓑ **左側です。**
왼쪽입니다.

 비행기에서 좌석을 묻는 질문에 대한 대답은 '**左側**(히다리가와) 왼쪽입니다', '**右側**(미기가와) 오른쪽입니다' 외에도 '**窓側です**(마도가와데스) 창쪽입니다', '**廊下側です**(로-카가와데스) 복도 쪽입니다' 가 있습니다.

기본 어휘

▰ 기내식	**機内食**	키나이쇼꾸
▰ 기장	**機長**	키쵸-
▰ 담요	**毛布**	모-후
▰ 독서등	**読書灯**	도꾸쇼또-

16 즉석 활용! 지름길 여행 일본어

제1부 I. 도착지의 공항에서 호텔까지

유용한 표현

고노   세끼니 스왓떼   이-데스까
● この 席に 座って いいですか。
이 자리에 앉아도 되겠습니까?

촛또   토-시떼 쿠다사이
● ちょっと 通して ください。
잠깐 지나가겠습니다.

멘제-힝오   키나이함바이시떼 이마스까
● 免税品を 機内販売して いますか。
면세품을 기내에서 판매합니까?

아또   도레구라이데   토-꾜-니 토-챠꾸시마스까
● あと どれぐらいで 東京に 到着しますか。
얼마 후면 동경에 도착합니까?

뉴-꼬꾸카-도노   카끼까따오 오시에떼 쿠다사이
● 入国カードの 書き方を 教えて ください。
입국신고서 쓰는 법을 가르쳐 주세요.

◢ 스튜어디스	スチュワーデス	스츄와-데스
◢ 이어폰	イヤホーン	이야호-온
◢ 좌석번호	座席番号	자세끼방고-
◢ 탑승권	搭乗券	도-죠-켕

2. 입국심사

●기본 표현

ⓐ 入国の 目的は 何ですか。
뉴-꼬꾸노 모꾸떼끼와 난데스까
입국 목적은 무엇입니까?

ⓑ 観光です。
캉꼬-데스
관광입니다.

 입국심사에서 물어보는 내용은 대개 여행목적과 여행일수입니다. 여행목적은 간단히 '여행'이라고 하면 되고 여행일수에 대한 질문에는 보통 일주일에서 열흘이라고 이야기하면 됩니다. 예를 들어 '何日ぐらい とどまる つもりですか。(난니찌구라이 토도마루 츠모리데스까) 며칠 정도 머무를 예정이십니까?' 라고 물으면, '1週間ぐらいです。(잇슈-칸구라이데스) 일주일 정도입니다.' 라고 대답하면 됩니다.

기본 어휘

▌검역	検疫	켕에끼
▌국적	国籍	곡세끼
▌목적지	目的地	모꾸떼끼찌
▌비자	ビザ	비자

제1부 Ⅰ. 도착지의 공항에서 호텔까지

유용한 표현

<u>도노쿠라이   타이자이시마스까</u>
● **どのくらい 滞在しますか。**
얼마나 머무를 겁니까?

<u>유-스호스테루니   토마리마스</u>
● **ユースホステルに 泊まります。**
유스호스텔에 투숙하려고 합니다.

<u>잇슈-깐호도   타이자이시마스</u>
● **一週間ほど 滞在します。**
일주일 정도 머무를 겁니다.

<u>호-몬노   모꾸떼끼와 비지네스데스</u>
● **訪問の 目的は ビジネスです。**
방문 목적은 비즈니스입니다.

<u>뉴-꼬꾸카-도오   미세떼   쿠다사이</u>
● **入国カードを 見せて ください。**
입국카드를 보여 주세요.

▰ 생년월일	生年月日	세-넹갑삐
▰ 외국인	外国人	가이꼬꾸징
▰ 입국심사	入国審査	뉴-꼬꾸신사
▰ 직업	職業	쇼꾸교-

3. 수화물 찾기

기본 표현

Ⓐ 荷物は どこで 受け取るんですか。
　니모쯔와 도꼬데 우케또룬데스까
　짐은 어디에서 찾습니까?

Ⓑ あそこです。
　아소꼬데스
　저쪽입니다.

 위의 질문에 대한 대답으로는 여러 가지가 있을 수 있습니다. 'ここです(고꼬데스) 여기입니다', 'そこです(소꼬데스) 저기입니다', 'あそこです(아소꼬데스) (조금 더 먼 곳의) 저기입니다' 등이 있습니다.

기본 어휘

귀중품	貴重品	키쵸-힝
꼬리표	荷札	니후다
보관소	保管所	호깐쇼
수하물 임시보관소	手荷物一時預かり所	테니모쯔이찌지아즈까리쇼

제1부 Ⅰ. 도착지의 공항에서 호텔까지

◉유용한 표현

와따시노 니모쯔오 미쯔께떼   쿠다사이
◉ **私の 荷物を 見つけて ください。**

제 짐을 찾아 주세요.

와따시노 니모쯔가 미쯔까라나이
◉ **私の 荷物が 見つからない。**

제 짐이 보이지 않는군요.

카-루 나나욘나나빈데 츠끼마시따
◉ **KAL 747便で 着きました。**

KAL 747편으로 도착했습니다.

테니모쯔 히끼까에쇼-와 고레데스
◉ **手荷物 引換証は これです。**

수화물표는 여기 있습니다.

오니모쯔와 낭꼬데스까
◉ **お荷物は 何個ですか。**

짐은 몇 개입니까?

◢ 슈트케이스	スーツケース	스-쯔케-스
◢ 짐	荷物	니모쯔
◢ 카트, 손수레	カート	카-또
◢ 트렁크	トランク	토랑꾸

21

4. 세관에서

기본 표현

나니까 싱꼬꾸스루 모노와 아리마셍까
ⓐ **何か 申告する ものは ありませんか。**
뭔가 신고할 것은 없습니까?

싱꼬꾸스루 모노와 고자이마셍
ⓑ **申告する ものは ございません。**
신고할 것이 없습니다.

 여기서 '**ございます**(고자이마스) 있습니다'는 '**ある**(아루) 있다', '**~である**(~데아루) 이다'의 공손한 말입니다. '**ございません**(고자이마셍) 없습니다'는 그 반대말입니다.

기본어휘

▰ 관세	関税	칸제-
▰ 반입 금지품	持ち込み禁止品	모찌꼬미킨시힝
▰ 세관검사	税関審査	제-깡신사
▰ 세관신고서	税関申告書	제-깡싱꼬꾸쇼

22 즉석 활용! 지름길 여행 일본어

제1부 I. 도착지의 공항에서 호텔까지

● 유용한 표현

<small>가방오   아께떼   쿠다사이</small>
● **カバンを 開けて ください。**

가방을 열어 주세요.

<small>고레와   와따시노 미노마와리힝다께데스</small>
● **これは 私の 身の回り品だけです。**

이건 제 일상용품이에요.

<small>고레와   오미야게데스</small>
● **これは お土産です。**

이건 선물이에요.

<small>고노   나까미와   난데스까</small>
● **この 中身は 何ですか。**

이 속에는 뭐가 들어 있습니까?

<small>젬부   지분데   츠까우 모노데스</small>
● **全部 自分で 使う ものです。**

다 제가 사용하는 겁니다.

◪ 세금	税金	제-낑
◪ 신고하다	申告する	싱꼬꾸스루
◪ 짐 검사	荷物検査	니모쯔켄사
◪ 필름	フィルム	휘루무

23

5. 환전

기본 표현

료-가에 데끼마스까
Ⓐ **両替 できますか。**
환전할 수 있습니까?

오까네와 도- 이타시마스까
Ⓑ **お金は どう いたしますか。**
돈은 어떻게 드릴까요?

우리나라의 500원짜리와 일본의 500엔짜리는 크기와 무게가 비슷하다고 합니다. 그래서 일본을 여행하는 여행객들은 가끔 횡재(?)를 하기도 했다는데……. 지금은 일본에서 자판기에 센서를 보강해 500원의 횡재(?)는 불가능해졌다고 합니다.

기본 어휘

◢ 달러	ドル	도루
◢ 수수료	**手数料**	테스-료
◢ 신분증	**身分証明書**	미붕쇼-메-쇼
◢ 여행자수표	トラベラーズ チェック	토라베라-즈 첵꾸

제1부 Ⅰ. 도착지의 공항에서 호텔까지

유용한 표현

엔니 카에떼 쿠다사이
○ **円に 換えて ください。**
엔으로 바꿔 주세요.

토라베라-즈 첵꾸오 겡낀니 시떼 쿠다사이
○ **トラベラーズ チェックを 現金に して ください。**
여행자 수표를 현금으로 바꿔 주세요.

카와세레-또와 이꾸라데스까
○ **為替レートは いくらですか。**
환율은 얼마입니까?

이찌망엔사쯔또 셍엔사쯔니 카에떼 쿠다사이
○ **一万円札と 千円札に 換えて ください。**
만 엔짜리와 천 엔짜리로 바꿔 주세요.

코제니모 마제떼 쿠다사이
○ **小銭も 混ぜて ください。**
잔돈도 섞어 주세요.

▰ 잔돈	小銭	코제니
▰ 지폐	お札	오사쯔
▰ 환율	為替レート	카와세레-또
▰ 환전소	両替所	료-가에쇼

25

일본 입국절차

공항에 도착하기 전 항공기 내에서 입국카드와 세관신고서를 작성합니다. 입국신고서나 세관신고서에는 반드시 사실대로 써 넣어야 합니다. 사실과 다를 때는 물품의 몰수, 구금 등 예기치 못한 곤경을 겪을 수도 있기 때문입니다.

- **입국심사** : 여권과 항공권, 기내에서 적은 입국카드를 심사관에게 제시하면 방문 목적, 체류일자, 숙박지 등을 물은 뒤 여권에 입국허가 도장을 찍어 줍니다. 호텔 숙박 예정일 경우에는 크게 문제될 것이 없으나 민박 또는 친지 방문일 경우에는 숙박지를 물어올 경우에 대비해 머물 곳의 주소와 전화번호, 그 집주인의 이름 정도는 미리 확인해 두도록 합니다.
- **수하물 회수** : 입국심사가 끝나면 자기가 타고 온 항공기의 편명이 표시된 수하물 찾는 곳(Baggage Claim Area)에 가서 자신의 수하물을 찾습니다. 자신의 짐에는 항상 꼬리표를 적어 붙여 두어야 찾기도 쉽고 잃어버리지 않습니다.
- **세관** : 짐을 찾은 뒤에는 세관을 거치게 됩니다.
- **검역** : 전염병이 발생한 지역에서 출국했거나 그런 지역을 경유하지 않았으면 검역은 문제삼지 않습니다.
- **수하물 보관** : 공항에는 보세창고 역할을 하는 수하물 보관소(또는 휴대품 보관소)가 있습니다. 전혀 쓸 일이 없거나 통관이 어려운 물건은 이곳에 맡겨 두었다가 출국할 때 찾으면 편리합니다. 이때 반드시 보관증을 받아 두도록 합니다.

Part II 호텔에서

1. 예약할 때
2. 프런트에서
3. 예약을 못한 경우
4. 룸서비스 이용 ①
5. 룸서비스 이용 ②
6. 문제가 발생했을 때
7. 체크아웃

주요 표현 11

1
나니오 테쯔닷떼　아게마쇼-까
何を 手伝って あげましょうか。
무엇을 도와드릴까요?

2
첵꾸인　　　데끼마스까
チェックイン できますか。
체크인 할 수 있습니까?

3
고요야꾸　나사이마시따까
ご予約 なさいましたか。
예약하셨습니까?

4
뎅와데　요야꾸시마시따
電話で 予約しました。
전화로 예약했습니다.

5
헤야다이와　이쿠라데스까
部屋代は いくらですか。
방값은 얼마입니까?

28 즉석 활용! 지름길 여행 일본어

제1부 Ⅱ. 호텔에서

(6)
보-이오　요꼬시　쿠다사이
ボーイを よこし ください。
보이를 불러 주세요.

(7)
쇼꾸도-와 난지니　히라끼마스까
食堂は 何時に 開きますか。
식당은 몇 시에 엽니까?

(8)
모-닝구　코-루오　오네가이시마스
モーニング コールを お願いします。
모닝콜을 부탁합니다.

(9)
모-　입빠꾸 시타인데스
もう 一泊 したいんです。
하루 더 묵고 싶습니다.

(10)
첵꾸아우토시따인데스가
チェックアウトしたいんですが。
체크아웃 하고 싶습니다만.

(11)
카이께-오 오네가이시마스
会計を お願いします。
계산을 부탁합니다.

1. 예약할 때

●기본 표현

신라호테루데스　　　　나니오　오테쯔다이시마쇼-까
Ⓐ **新羅ホテルです。何を お手伝いしましょうか。**
신라 호텔입니다. 무엇을 도와 드릴까요?

라이슈-노 킹요-비　　헤야오　　요야꾸시따인데스가
Ⓑ **来週の 金曜日、部屋を 予約したいんですが。**
다음주 금요일에 방을 예약하고 싶습니다만.

'予約したいんですが'에서 'ん'은 '~하는 것' 이라는 뜻이지만 해석하지 않아도 무방합니다. 단순히 문장에서 강조를 하는 역할을 할 때도 있습니다. 같은 용법으로는 'の'가 있습니다.

기본어휘

▰ 1박 2일	一泊二日	입빠꾸 후쯔까
▰ 2박 3일	二泊三日	니하꾸 믹까
▰ 묵다	泊まる	토마루
▰ 싱글룸	シングルルーム	싱구루루-무

제1부 Ⅱ. 호텔에서

유용한 표현

시찌가쯔 니쥬-시찌니찌까라 니쥬-하찌니찌마데 싱구루오 요야꾸시따인데스
○ **7月27日から 28日まで シングルを 予約したいんです。**
7월 27일에서 28일까지 싱글룸을 예약하고 싶습니다.

돈나　　오헤야니　　　나사이마스까
○ **どんな お部屋に なさいますか。**
어떤 방을 원하십니까?

다부루오　　　오네가이시마스
○ **ダブルを お願いします。**
더블룸을 부탁합니다.

난니찌깡　　오토마리니　　　나리마스까
○ **何日間 お泊まりに なりますか。**
얼마나 묵으실 겁니까?

니하꾸데스
○ **2泊です。**
2박을 할 겁니다.

▌ 예약	予約	요야꾸
▌ 취소	取り消し	토리께시
▌ 트윈룸	ツインルーム	츠인루-무
▌ 호텔	ホテル	호떼루

2. 프런트에서

●기본 표현

ⓐ **山田一夫です。チェックインを お願いします。**
야마다 카즈오데스　첵꾸인오　　오네가이시마스
야마다 가즈오입니다. 체크인을 하고 싶습니다.

ⓑ **シングルルーム、2泊の ご予約で ございますね。**
싱구루루-무　　니하꾸노 고요야꾸데 고자이마스네
싱글룸으로 이틀 예약이 되어 있군요.

'ね'는 가벼운 감동을 나타내거나 상대에게 동의를 구하거나, 다짐하는 데 쓰이는 말로, '~요, ~군요, ~로군'의 뜻입니다.

기본어휘

◢ ~호실	~号室	~고-시쯔
◢ 로비	ロビー	로비-
◢ 키, 열쇠	キー	키-
◢ 서명	署名	쇼메-

제1부 Ⅱ. 호텔에서

유용한 표현

요야꾸사레떼　이랏샤이마스까
○ **予約されて いらっしゃいますか。**

예약하셨습니까?

니하꾸노 요야꾸가 시떼　아룬데스가
○ **2泊の 予約が して あるんですが。**

이틀을 예약했습니다만.

고노　쇼시끼니　키뉴-시떼　쿠다사이
○ **この 書式に 記入して ください。**

이 서식에 기입해 주세요.

루-무　키-와　고찌라데스
○ **ルーム キーは こちらです。**

방 키 여기 있습니다.

모-시와께　아리마셍가　요야꾸노 카꾸닝가 데끼마셍
○ **もうしわけ ありませんが, 予約の 確認が できません。**

죄송하지만 예약을 확인할 수 없습니다.

■ 숙박	**宿泊**	슈꾸하꾸
■ 숙박카드	**宿泊 カード**	슈꾸하꾸 카-도
■ 체크인	**チェックイン**	첵꾸인
■ 프론트데스크	**フロント**	후론또

3. 예약을 못한 경우

● 기본 표현

Ⓐ 今晩、泊られますか。
콤방　토마라레마스까

오늘밤 묵을 수 있습니까?

Ⓑ はい、シングルですか、ツインですか。
하이　싱구루데스까　　츠인데스까

예, 싱글룸입니까, 더블룸입니까?

일본어에서 가능형을 만드는 방법은 여러 가지가 있습니다. 그 중 한 가지는 동사의 어간에 'られる'를 붙이는 방법입니다. '泊る(토마루)'의 어간 'とま'에 'られる'를 붙여서 'とまられる'가 되면 '묵을 수 있다'의 가능형이 됩니다.

기본 어휘

■ 민박	民宿	민슈꾸
■ 방이 다 참	満室	만시쯔
■ 빈방	空き部屋／空室	아끼베야／쿠-시쯔
■ 숙박료	宿泊代	슈꾸하꾸다이

34 즉석 활용! 지름길 여행 일본어

제1부 Ⅱ. 호텔에서

● **유용한 표현**

○ 今夜 一晩 泊りたいんですが、部屋 ありますか。
  _{콩야 히또방 토마리따인데스가 헤야 아리마스까}

  오늘 하룻밤 묵고 싶습니다만, 방이 있습니까?

○ 空き部屋、ありますか。
  _{아끼베야 아리마스까}

  빈 방이 있습니까?

○ ただいま 空室は ございません。
  _{타다이마 쿠-시쯔와 고자이마셍}

  지금 빈 방이 없습니다.

○ チェックインは いつごろ なさいますか。
  _{첵꾸인와 이쯔고로 나사이마스까}

  체크인은 언제 하시겠습니까?

○ 部屋代は いくらですか。
  _{헤야다이와 이쿠라데스까}

  요금은 얼마입니까?

◢ 여관	旅館／宿	료깡/야도
◢ 유스호스텔	ユースホステル	유-스호스떼루
◢ 전망이 좋다	眺めが いい	나가메가 이-
◢ 좀더 싼	もっと 安い	못또 야스이

35

4. 룸서비스 이용 ①

기본 표현

루-무사-비스　오네가이시마스
Ⓐ **ルームサービス、お願いします。**
룸서비스를 부탁합니다.

하이　도-조
Ⓑ **はい、どうぞ。**
예, 무엇을 도와 드릴까요?

 'どうぞ(도-조)'는 '아무쪼록, 부디, 어서'라는 뜻이지만 문장에 따라 폭넓게 해석할 수 있습니다. 상대방에게 무엇을 권하거나 부탁하는 기분, 또는 승낙을 나타내는 공손한 말씨입니다.

기본 어휘

■ 룸서비스	ルームサービス	루-무사-비스
■ 모닝콜	モーニングコール	모-닝구코-루
■ 무료	無料	무료-
■ 벨보이	ベルボーイ	베루보-이

36 즉석 활용! 지름길 여행 일본어

제1부 Ⅱ. 호텔에서

유용한 표현

아사고항　　오-다-　　데끼마스까
● 朝ごはん、オーダー できますか。

아침을 주문할 수 있습니까?

샤츠오　　　쿠리-닝구시따인데스가
● シャツを クリーニングしたいんですが。

셔츠를 세탁하고 싶습니다만.

코-히-오　　　헤야마데　　하꼰데　　이타다께마스까
● コーヒーを 部屋まで 運んで いただけますか。

커피를 방으로 갖다 주시겠습니까?

쵸-쇼꾸와 루-무사-비스데　　　오네가이시마스
● 朝食は ルームサービスで お願いします。

아침 식사는 룸서비스로 부탁합니다.

헤야데　쇼꾸지와　데끼마스까
● 部屋で 食事は できますか。

방에서 식사할 수 있나요?

◢ 유료	有料	유-료-
◢ 종업원	従業員	쥬-교-잉
◢ 지배인	支配人	시하이닝
◢ 팁	チップ	칩뿌

5. 룸서비스 이용 ②

● 기본 표현

Ⓐ <ruby>こちらは 501号室です。ビール 2本 お願いします。</ruby>
고찌라와 고하꾸이찌고-시쯔데스 비-루 니홍 오네가이시마스
여기는 501호입니다. 맥주 두 병을 부탁합니다.

Ⓑ はい、かしこまりました。今 すぐ お持ちします。
하이 카시꼬마리마시따 이마 스구 오모찌시마스
예, 알겠습니다. 지금 바로 가지고 가겠습니다.

> 병으로 된 물건을 세는 단위는 '本(홍)' 입니다. '一本(입뽕) 한 병', '二本(니홍) 두 병', '三本(삼봉) 세 병', '四本(용홍) 네 병', '五本(고홍) 다섯 병', '六本(록뽕) 여섯 병', '七本(나나홍) 일곱 병', '八本(핫뽕) 여덟 병', '九本(큐-홍) 아홉 병', '十本(줍뽕) 열 병' 순으로 셉니다.

기본 어휘

■ 바(bar)	バー	바-
■ 사우나	サウナ	사우나
■ 세탁서비스	ランドリー サービス	란도리- 사-비스
■ 식당	食堂	쇼꾸도-

제1부 Ⅱ. 호텔에서

● 유용한 표현

헤야오　카에타이노데스
● **部屋を 変えたいのです。**

방을 바꾸고 싶습니다.

헤야오　못또　아타따까꾸시떼 쿠다사이
● **部屋を もっと 暖かくして ください。**

방을 좀더 따뜻하게 해주세요.

시찌지니 모-닝구　코-루　오네가이시마스
● **7時に モーニング コール お願いします。**

7시에 모닝콜을 부탁합니다.

키쵸-힝오　아즈캇떼　이타다끼따인데스가
● **貴重品を 預かって いただきたいんですが。**

귀중품을 맡기고 싶습니다만.

로꾸지니 뎅와데　오꼬시떼　쿠다사이
● **6時に 電話で 起こして ください。**

6시에 전화로 깨워 주세요.

◢ 연회장	**宴会場**	엥까이죠-
◢ 칵테일바	**カクテルバー**	카꾸떼루바-
◢ 커피숍	**コーヒーショップ**	코-히- 숍뿌
◢ 타월	**タオル**	타오루

6. 문제가 발생했을 때

기본 표현

> 모시모시 고찌라와 나나하꾸이찌고-시쯔데스 에아콘가 우고끼마셍
> ⒜ **もしもし、こちらは 701号室です。エアコンが 動きません。**
> 여보세요, 여기는 701호입니다. 에어컨이 작동되지 않습니다.
>
> 도-모 모-시와께 고자이마셍 타다이마 슈-리니 이끼마스
> ⒝ **どうも もうしわけ ございません。ただいま 修理に 行きます。**
> 죄송합니다. 바로 고쳐 드리겠습니다.

 일본은 우리나라의 온돌문화와는 다르게 다다미가 깔린 방에 '**暖房**(담보-)'라는 온풍기를 틀고 겨울을 나게 됩니다. 일본에서 가끔 발이 시릴 때면 따뜻한 온돌이 그리워집니다.

기본 어휘

■ 욕조	浴槽	요꾸소-
■ 화장실	トイレ	토이레
■ 온수	お湯	오유
■ 난방	暖房	담보-

40 즉석 활용! 지름길 여행 일본어

제1부 Ⅱ. 호텔에서

● 유용한 표현

오유가　데마셍
○ **お湯が 出ません。**
뜨거운 물이 나오지 않아요.

타오루가　타리나인데스
○ **タオルが 足りないんです。**
수건이 부족합니다.

벵끼노　미즈가 데나인데스
○ **便器の 水が 出ないんです。**
변기 물이 나오지 않습니다.

오후로노　하이스이가 데끼마셍
○ **おふろの 排水が できません。**
목욕탕의 배수가 되지 않습니다.

스미마셍　스구　탄토-샤가　쇼찌니　마이리마스
○ **すみません。すぐ 担当者が 処置に まいります。**
죄송합니다. 바로 담당자가 처치하러 가겠습니다.

◢ 에어컨	**エアコン**	에아콘
◢ 변기	**便器**	벵끼
◢ 엘리베이터	**エレベーター**	에레베-따-
◢ 비상구	**非常口**	히죠-구찌

7. 체크아웃

●기본 표현

ⓐ **チェックアウト お願いします。伝票を お願いします。**
첵꾸아우또 오네가이시마스 뎀뽀-오 오네가이시마스
체크아웃을 부탁합니다. 계산서를 주세요.

ⓑ **お名前と ルーム ナンバーを お願いします。**
오나마에또 루-무 남바-오 오네가이시마스
성함과 방 번호가 어떻게 되시죠?

요금을 묻는 질문은 '料金は いくらですか(료-낑와 이쿠라 데스까)' 외에 '会計 お願いします(카이케이 오네가이시마스)', '伝票 お願いします(뎀뽀- 오네가이시마스)' 라고 말할 수도 있습니다.

기본어휘

계산서	計算書	케-산쇼
금액	金額	킹가꾸
서비스료	サービス料	사-비스료-
이용 요금	利用料金	리요-료-낑

제1부 Ⅱ. 호텔에서

유용한 표현

쳇꾸아우또　　　　　시따인데스
● **チェックアウト したいんです。**
체크아웃을 하려고 합니다.

쳇꾸아우또　　　　시마스　　료-낑와　이쿠라데스까
● **チェックアウト します。料金は いくらですか。**
체크아웃을 하겠습니다. 요금은 얼마입니까?

아시따　아사하야꾸 데요-또 시마스　뎀뾰-오 쥼비시떼　쿠다사이
● **あした 朝早く 出ようとします。伝票を 準備して ください。**
내일 아침 일찍 떠나려고 합니다. 계산서를 준비해 주세요.

아즈캇떼　　이따다이따　키쵸-힝오 카에시떼 모라이따인데스가
● **預かって いただいた 貴重品を 返して もらいたいんですが。**
맡겨두었던 귀중품을 돌려받고 싶습니다만.

쿠레짓또　　카-도데　　요로시-데스까
● **クレジット カードで よろしいですか。**
신용카드로 해도 됩니까?

■ 체크아웃	チェックアウト	쳇꾸아우또
■ 카운터	カウンター	카운따-
■ 포함하다	含む	후꾸무
■ 합계	合計	고-께-

일본에서의 숙박

물가가 비싼 일본에서는 일반 호텔 외에 비즈니스 호텔, 유스호스텔, 여관, 민박 등의 비교적 저렴한 숙박시설 이용을 고려해 보는 것도 좋습니다. 호텔이나 여관의 요금에는 10%의 서비스 요금이 포함되어 있습니다.

- **비즈니스 호텔** : 최소한의 시설만 갖추고 있는 호텔로 일본 비즈니스맨들이 많이 이용합니다. 대부분이 싱글룸이며, 보통 전철이나 지하철역과 가까운 곳에 있어 편리합니다.

- **여관** : 일본식으로 꾸며진 숙박시설로 일본 전국 주요 도시와 관광지에 총 8만여 개가 있습니다. 이중 약 2천 개는 국제관광여관연맹(JRA)의 회원으로서 시설과 서비스가 훌륭합니다.

- **민박** : 일반 가정에서 주업 또는 부업으로 운영하는 숙박시설입니다. 민박 리스트는 JNTO(일본 국제관광진흥회) 서울 사무소에서 열람할 수 있으며, 예약은 개별 민박시설로 직접 해야 합니다.

- **유스호스텔** : 일본에서는 440여 개의 유스호스텔이 있는데, 이중 75개는 유스호스텔 회원증 없이도 사용이 가능합니다. 민영 유스호스텔은 국제 유스호스텔 연맹의 회원증이 있어야 하는데, 유스호스텔 회원 가입은 한국 유스호스텔 연맹에서 하면 됩니다.

Part III 식당에서

1. 식당 예약
2. 요리 주문
3. 요리에 관한 표현
4. 기타 주문
5. 문제가 발생했을 때
6. 계산할 때

주요 표현 11

(1) どうぞ めしあがって ください。
도-조 메시아갓떼 쿠다사이
어서 드세요.

(2) いただきます。
이타다끼마스
잘 먹겠습니다.

(3) どうぞ ごちそうさまでした。
도-조 고찌소-사마데시따
정말 잘 먹었습니다.

(4) すみません。
스미마셍
실례합니다.(종업원을 부를 때)

(5) 何を めしあがりますか。
나니오 메시아가리마스까
무엇을 드시겠습니까?

제1부 Ⅲ. 식당에서

6
촛또　　　메뉴-오　　미세떼　쿠다사이
ちょっと メニューを 見せて ください。
메뉴 좀 보여 주세요.

7
사까나　료-리　아리마스까
さかな 料理 ありますか。
생선요리 있습니까?

8
고레오　쿠다사이
これを ください。
이것으로 주세요.

9
아노　히토또 오나지 모노오　쿠다사이
あの 人と 同じ ものを ください。
저 사람과 같은 것으로 주세요.

10
미즈오 쿠다사이
水を ください。
물 좀 주세요.

11
오칸죠-오　　오네가이시마스
お勘定を お願いします。
계산을 부탁합니다.

47

1. 식당 예약

●기본 표현

Ⓐ レストラン「東京」です。何の ご用ですか。
　　레스토랑　　토-쿄-데스　　난노　고요-데스까

레스토랑 도쿄입니다. 무엇을 도와 드릴까요?

Ⓑ もしもし、今晩 6時に 3人の 予約を したいです。
　모시모시　곰방　로꾸지니 산닌노 요야꾸오 시따이데스

여보세요, 오늘 저녁 6시에 세 사람 예약을 하고 싶습니다.

 '~하고 싶다'는 동사의 어간에 '~たい'를 붙이면 됩니다. 예를 들어 '사고 싶다'고 할 때는 '買う(사다)'의 어간에 '~たい'를 붙여서 '買いたい(카이따이)'라고 하면 됩니다.

기본어휘

■ 식사	食事	쇼꾸지
■ 손님	お客さん	오꺅상
■ 레스토랑	レストラン	레스또랑
■ 예약석	予約席	요야꾸세끼

48 즉석 활용! 지름길 여행 일본어

제1부 Ⅲ. 식당에서

유용한 표현

고잇꼬-와 난메-사마데스까
○ ご一行は 何名様ですか。

일행은 몇 분이십니까?

오나마에와 난또 옷샤이마스까
○ お名前は 何と おっしゃいますか。

성함이 어떻게 되십니까?

마도가와노 세끼가 호시-데스가
○ 窓側の 席が ほしいですが。

창가쪽 자리를 원합니다만.

야마다 마사오또 이우 나마에데 요야꾸시딴데스
○ 山田政男と いう 名前で 予約したんです。

야마다 마사오라는 이름으로 예약했습니다.

킹엔세끼오 오네가이시마스
○ 禁煙席を お願いします。

금연석으로 해 주세요.

■ 흡연석	喫煙席	키쯔엔세끼
■ 금연석	禁煙席	킹엔세끼
■ 창가쪽 자리	窓側の 席	마도가와노 세끼
■ 조용한 자리	静かな 席	시즈까나 세끼

49

2. 요리 주문

● 기본 표현

Ⓐ ご注文を どうぞ。
  (고츄-몽오 도-조)
  주문하시겠어요?

Ⓑ 寿司に します。
  (스시니 시마스)
  생선초밥으로 할게요.

'~に します(~니 시마스) ~로 하겠습니다', '~を ください(~오 쿠다사이) ~을 주세요', '~を お願いします(~오 오네가이시마스) ~을 부탁해요' 는 모두 주문을 할 때 사용할 수 있는 표현들입니다.

기본어휘

■ 메뉴	メニュー	메뉴-
■ 생선회	さしみ	사시미
■ 정식	定食	테-쇼꾸
■ 특선 요리	お勧め料理	오스스메료-리

제1부 Ⅲ. 식당에서

유용한 표현

○ <ruby>これ<rt>고레또</rt></ruby>と、これと、これ、そして これを ください。
고레또　고레또　고레　소시떼　고레오　쿠다사이

이것과 이것, 이것 그리고 이걸 주십시오.

오뎅오　쿠다사이　　오뎅오　오네가이시마스
○ おでんを ください。/ おでんを お願いします。

오뎅 주세요.

마즈　고레다께　츄-몬시떼　아또데 마따　타노미마스까라
○ まず これだけ 注文して、後で また 頼みますから。

우선 이것만 주문하고 나중에 또 시키죠.

마다　키메떼　이마셍
○ まだ 決めて いません。

아직 결정하지 못했습니다.

닝끼　메뉴-와　난데스까
○ 人気 メニューは 何ですか。

인기 메뉴가 뭡니까?

◢ 라면	ラーメン	라멘
◢ 우동	うどん	우동
◢ 전골	すき焼き	스끼야끼
◢ 초밥	寿司	스시

3. 요리에 관한 표현

기본 표현

아지와 도-데스까
Ⓐ **味は どうですか。**
맛이 어떠세요?

토떼모 오이시-데스네
Ⓑ **とても おいしいですね。**
아주 맛있군요.

손님에게 요리를 대접할 때 겸손한 표현으로 'つまらない 物ですが、召し上がって ください(츠마라나이 모노데스가 메시아갓떼 쿠다사이) 별거 아니지만, 드세요.' 라고 합니다.

기본 어휘

■ 맛있다	おいしい/うまい	오이시-/우마이
■ 맛없다	まずい	마즈이
■ 맵다	辛い	카라이
■ 달다	甘い	아마이

제1부 Ⅲ. 식당에서

●유용한 표현

스고꾸　아지가 이-데스네
● すごく 味が いいですね。

꽤 맛이 좋은데요.

타이시따　고또나이데스네
● たいした ことないですね。

그저 그러네요.

베쯔니　오이시꾸　나이데스네
● べつに おいしく ないですね。

별로 맛이 없군요.

고노　료-리와　스코시 카라이데스
● この 料理は 少し 辛いです。

이 요리는 좀 매워요.

고레와　스고꾸　아지가 코이데스네
● これは すごく 味が 濃いですね。

이건 꽤 맛이 진하군요.

■ 시다	酸っぱい	습빠이
■ 싱겁다	水っぽい	미즙뽀이
■ 쓰다	にがい	니가이
■ 짜다	塩辛い	시오까라이

4. 기타 주문

● 기본 표현

오노미모노와 나니니 나사이마스까
Ⓐ **お飲み物は 何に なさいますか。**

마실 것은 뭘 드릴까요?

코-히-오 오네가이시마스
Ⓑ **コーヒーを お願いします。**

커피를 주세요.

> 마실 것은 '마시다(飲む)'의 명사형 '飲み'에 사물을 나타내는 物를 붙여서 '飲み物(노미모노)'라고 합니다. 먹을 것은 같은 방법으로 해서 '食べる'의 명사형 '食べ'에 物를 붙여서 '食べ物(타베모노)'라고 합니다.

기본 어휘

■ 디저트	デザート	데자-토
■ 냉수	お冷や/お水	오히야/오미즈
■ 커피	コーヒー	코-히-
■ 아이스크림	アイスクリーム	아이스꾸리-무

제1부 Ⅲ. 식당에서

● **유용한 표현**

_{비-루오   모-   입뽕   쿠다사이}
○ **ビールを もう 1本 ください。**

맥주 한 병 더 주세요.

_{데자-토오   도-조}
○ **デザートを どうぞ。**

디저트를 하시겠습니까?

_{나니가 아리마스까}
○ **何が ありますか。**

뭐가 있습니까?

_{돈나   모노오   스스메마스까}
○ **どんな ものを すすめますか。**

어떤 것을 추천하시겠습니까?

_{하이자라오 못떼   키떼   쿠다사이}
○ **灰皿を 持って きて ください**

재떨이를 갖다 주세요.

▰ 주스	ジュース	쥬-스
▰ 콜라	コーラ	코-라
▰ 샴페인	シャンペン	샴뻰
▰ 술	お酒	오사께

55

5. 문제가 발생했을 때

●기본 표현

호까노 구라스오 오네가이시마스 나니까 츠이떼 이마스
Ⓐ **ほかの グラスを お願いします。何か ついて います。**
다른 유리잔을 주세요. 뭔가 묻어 있어요.

하이 카시꼬마리마시따 도-모 모-시와께 고자이마셍
Ⓑ **はい、かしこまりました。どうも もうしわけ ございません。**
알겠습니다. 대단히 죄송합니다.

'どうも'는 'どうも すみません(도-모 스미마셍) 정말 죄송합니다', 'どうも ありがとう(도-모 아리가또-) 정말 고마워', 'どうも 失礼しました(도-모 시츠레-시마시따) 매우 실례했습니다'의 압축된 말로 '정말, 참, 매우'의 뜻입니다.

기본 어휘

■ 웨이터	ウェーター	웨-따-
■ 냅킨	ナプキン	나뿌낑
■ 작은 접시	小皿	코자라
■ 먹는 법	食べ方	타베카따

제1부 Ⅲ. 식당에서

● 유용한 표현

<small>오네가이시따　료-리가　마다데스</small>
○ **お願いした 料理が まだです。**
주문한 요리가 아직 안 왔습니다.

<small>고레와　와따시가　츄-몬시따 료-리쟈　아리마셍</small>
○ **これは 私が 注文した 料理じゃ ありません。**
이것은 내가 주문한 요리가 아닙니다.

<small>스구　못떼　키마스</small>
○ **すぐ 持って きます。**
곧 가져다 드리겠습니다.

<small>나제　콘나니　　료-리가　코나인데스까</small>
○ **なぜ こんなに 料理が 来ないんですか。**
왜 이렇게 요리가 안 오죠?

<small>아또　도노쿠라이　카까리마스까</small>
○ **あと どのくらい かかりますか。**
얼마나 더 걸리나요?

◢ 젓가락	箸	하시
◢ 재료	材料	자이료-
◢ 부패	腐敗	후하이
◢ 비린내가 나다	生臭い	나마쿠사이

57

6. 계산할 때

●기본 표현

ⓐ **ビルを お願いします。**
비루오 오네가이시마스
계산서를 가져다 주시겠습니까?

ⓑ **はい、ここに あります。**
하이 코꼬니 아리마스
예, 여기 있습니다.

 일본에서는 우리나라와 다르게 공지된 물건 값에는 부가세가 빠져 있습니다. 부가세 5%는 물건 값을 계산할 때 붙습니다. 이때 1엔이 요긴하게 쓰이기도 하는데, 어쨌든 돈이 모자랄 때는 이 부가세까지 염두해 두면서 돈을 써야지 곤란한 일을 당하지 않습니다.

기본어휘

■ 계산	お勘定	오칸죠-
■ 서비스료 포함	サービス料込み	사-비스료-고미
■ 식사값	食事代	쇼꾸지다이
■ 2인분	二人分	후타리붕

제1부 Ⅲ. 식당에서

● 유용한 표현

카이께이와[오칸죠-와]　도꼬데스까
○ **会計は[お勘定は] どこですか。**
계산은 어디에서 합니까?

비루와　베쯔베쯔니 시떼 쿠다사이
○ **ビルは 別々に して ください。**
계산서를 나눠서 해 주세요.

와따시가　오고리마스
○ **わたしが おごります。**
제가 낼게요.

와리깐니　시마쇼-
○ **割り勘に しましょう。**
각자 냅시다.

와따시노　붕와　이쿠라데스까
○ **わたしの 分は いくらですか。**
내 몫이 얼마죠?

■ 일인분	一人前	이찌님마에
■ 셀프서비스	セルフサービス	세루후 사-비스
■ 후불	後払い	아토바라이
■ 영수증	領収書	료-슈-쇼

일본문화산책

일본의 음식

 일본 음식의 특징은 배가 부르도록 많이 먹는 것이라기보다는 허기를 채워 주면서 시각과 미각을 즐겁게 하는 데 그 목적이 있다고 할 수 있습니다.

 섬나라라는 특성 때문에 육식보다는 해산물이 더 흔한 편입니다. 일본의 전통적인 아침식사는 대개 밥과 날계란, 된장국(미소시루)과 가벼운 생선 등을 위주로 합니다. 그러나 요즘은 서양풍속이 가미되어 도회지에서는 아침을 빵과 우유 등으로 간단히 끝내는 가정도 많아지고 있습니다.

 점심은 보통 가볍게 먹는 편인데, 우동이나 초밥 또는 튀김덮밥 등을 먹습니다. 저녁은 우리나라와 비슷하게 밥과 국을 기본으로 합니다. 반찬은 생선이나 육류·야채 등이 나오고, 정종이나 맥주를 반주로 즐겨 마십니다.

 순일본식 식사를 할 때는 숟가락은 없이 젓가락만 사용하고, 밥은 공기에 담고 국도 역시 국을 담는 공기에 담으며, 국이나 밥을 먹을 때는 왼손으로 그릇을 받쳐들고 젓가락으로 먹습니다.

Part IV 쇼핑

1. 물건을 찾을 때
2. 물건을 고를 때 ①
3. 물건을 고를 때 ②
4. 물건이 마음에 안 들 때
5. 물건을 살 때
6. 계산할 때
7. 환불, 교환할 때

주요 표현 11

(1) いらっしゃいませ。
이랏샤이마세
어서 오세요.

(2) 何を さしあげましょうか。
나니오 사시아게마쇼-까
무엇을 드릴까요?

(3) カセットが ほしいんですが。
카셋토가 호시인데스가
카세트를 사고 싶은데요.

(4) ハンカチを 見せて ください。
항까찌오 미세떼 쿠다사이
손수건을 보여 주세요.

(5) ただ 見て いるだけです。
타다 미떼 이루다께데스
그냥 구경만 할 뿐입니다.

제1부 Ⅳ. 쇼핑

6
고레와　이쿠라데스까
これは いくらですか。
이것은 얼마입니까?

7
다까스기데스
高すぎです。
너무 비쌉니다.

8
못또　야스이노와　아리마셍까
もっと 安いのは ありませんか。
더 싼 것은 없습니까?

9
호까노오　미세떼　쿠다사이
ほかのを 見せて ください。
다른 것으로 보여 주세요.

10
소레　쿠다사이
それ ください。
그것 주세요.

11
아와세떼　이쿠라데스까
合わせて いくらですか。
합쳐서 얼마입니까?

1. 물건을 찾을 때

● 기본 표현

ⓐ **何か おさがしですか。**
나니까 오사가시데스까
뭘 도와 드릴까요?

ⓑ **カメラを 見せて ください。**
카메라오 미세떼 쿠다사이
카메라를 보여 주세요.

 경어를 만드는 방법 중에는 명사에 'お, ご'의 접두어를 붙여 만드는 방법이 있습니다. 예를 들면 'お話(오하나시) 말씀', 'お宅(오타꾸) 댁', 'ご存じ(고존지) 알고 계심', 'ご両親(고료-신) 양친' 등이 있습니다.

기본 어휘

■ 가정용품	家庭用品	카떼-요-힝
■ 백화점	デパート／百貨店	데빠-또/학까뗑
■ 슈퍼마켓	スーパー(マーケット)	스-빠-(마-껫또)
■ 상점	店	미세

제1부 Ⅳ. 쇼핑

유용한 표현

_{무스메니 아게루 푸레젠또오 사가시떼 이마스}
○ 娘に あげる プレゼントを 探して います。

딸에게 줄 선물을 하나 찾고 있습니다.

_{도노 요-나 슈루이노 모노오 오사가시데스까}
○ どの ような 種類の 物を おさがしですか。

어떤 종류의 물건을 찾고 있습니까?

_{아레오 스꼬시 미세떼 쿠다사이}
○ あれを 少し 見せて ください。

저것 좀 보여 주십시오.

_{스미마셍   타다 켐부쯔시떼 이루다께데스}
○ すみません。ただ 見物して いるだけです。

미안합니다. 그냥 둘러보는 겁니다.

_{고윳꾸리   오에라비 쿠다사이}
○ ごゆっくり お選び ください。

천천히 고르세요.

▰ 점원	店員	텡잉
▰ 쇼핑	買い物	카이모노
▰ 면세점	免税店	멘제-뗑
▰ 매장	売り場	우리바

2. 물건을 고를 때 ①

● 기본 표현

ⓐ **サイズは どう なりますか。**
사이즈와 도- 나리마스까
사이즈는 어떻게 됩니까?

ⓑ **中ぐらいです。**
츄-구라이데스
중간 정도입니다.

 물건의 사이즈를 말할 때 '過ぎる(스기루)'라는 말이 쓰이는데, '過ぎる'는 '지나다'라는 뜻 이외에 '(수준, 정도를) 지나치다'라는 뜻도 있습니다. 따라서 이 말이 형용사의 어간에 붙어 쓰이면 '너무 ~하다'라는 뜻이 됩니다. 예를 들면 '長すぎる(나가스기루) 너무 길다'를 들 수 있습니다.

기본 어휘

고르다	選ぶ	에라부
견본/샘플	見本/サンプル	미홍/삼뿌루
사이즈	サイズ	사이즈
상가	商店街	쇼-뗑가이

66 즉석 활용! 지름길 여행 일본어

제1부 Ⅳ. 쇼핑

유용한 표현

토꾸베쯔니 오키니 이리노   이로와 아리마스까
- **特別に お気に 入りの 色は ありますか。**

  특별히 좋아하는 색이 있나요?

치-사스기마스네   모- 스꼬시 오-끼-노오   시챠꾸시떼 미마스
- **小さすぎますね。もう 少し 大きいのを 試着して みます。**

  너무 적네요. 좀더 큰 사이즈로 입어 볼게요.

고레요리   못또   오-끼-노와   아리마셍까
- **これより もっと 大きいのは ありませんか。**

  이것보다 좀 큰 것은 없습니까?

시챠꾸시떼   미떼모   이-데스까
- **試着して みても いいですか。**

  입어 봐도 될까요?

쵸-도   삣따리데스네
- **ちょうど ぴったりですね。**

  딱 맞아요.

◢ 상인	商人	쇼-닝
◢ 시장	市場	이치바/시죠-
◢ 유행	流行り／流行	하야리/류-꼬-
◢ 어떤 종류	どんな 種類	돈나 슈루이

67

3. 물건을 고를 때 ②

기본 표현

Ⓐ **何を お探しですか。**
나니오 오사가시데스까
뭘 찾으세요?

Ⓑ **シャツを 買いたいのですが。**
샤츠오 카이타이노데스가
셔츠를 사고 싶은데요.

 일본을 여행할 때 색다른 관광 포인트는 벼룩시장(フリーマーケット)입니다. 보는 것만으로도 충분히 재미있고, 경우에 따라서는 어디서도 구할 수 없는 특이한 물건을 손에 넣을 수 있기 때문입니다. 관련 정보는 www.freemarket.co.jp에서 구할 수 있습니다.

기본 어휘

■ 가짜	偽物	니세모노
■ 딱 맞는	ぴったりな	삣따리나
■ 맘에 들다	気に 入る	키니 이루
■ 보다 작다	より 小さい	요리 치-사이

제1부 IV. 쇼핑

유용한 표현

스꼬시 미떼모　이-데스까
- **少し 見ても いいですか。**

  잠깐 보기만 해도 됩니까?

우에노 모노오　미세떼　이타다께마스까
- **上の ものを 見せて いただけますか。**

  위의 것을 보여 주시겠습니까?

사이즈와　이쿠쯔데스까
- **サイズは いくつですか。**

  사이즈는 몇이에요?

고레와　토떼모　오샤레데스네
- **これは とても おしゃれですね。**

  이것 참 멋있네요.

호까노 모노모 춋또　미떼　미마쇼-
- **他の 物も ちょっと 見て みましょう。**

  다른 것도 좀더 봅시다.

◢ 보다 크다	**より 大きい**	요리 오-끼-
◢ 세트	**セット**	셋또
◢ 어울리다	**似合う／ふさわしい**	니아우/후사와시-
◢ 취급설명서	**取扱い説明書**	토리아쯔까이세쯔메-쇼

4. 물건이 마음에 안 들 때

기본 표현

Ⓐ こちらの ほうは いかがですか。
　　고찌라노　　호-와　　　이카가데스까

이것은 어때요?

Ⓑ この デザインは 気が 進まないんですが。
　　고노　데자인와　　　키가　스스마나인데스가

이 디자인은 마음에 들지 않아요.

 물건이 마음에 들 때에는 '気に 入る(키니 이루) 마음에 들다' 또는 '気が 進む(키가 스스무) 마음에 들다' 두 가지를 사용할 수 있습니다.

기본어휘

■ 디자인	デザイン	데자인
■ 스타일	スタイル	스따이루
■ 헐렁하다	ゆるい	유루이
■ 꽉 끼다	きつい	키쯔이

유용한 표현

호까노 스따이루와　아리마셍까
- **他の スタイルは ありませんか。**

  다른 스타일은 없습니까?

소레와　촛 또　　호까노오　미세떼　쿠다사이
- **それは ちょっと。ほかのを 見せて ください。**

  그것은 좀……. 다른 것을 보여 주세요.

고레와　와따시가 사가시떼이타　모노데와　아리마셍
- **これは 私が 探していた ものでは ありません。**

  이것은 내가 찾고 있는 것이 아닙니다.

고레와　헤-본스기마스네
- **これは 平凡すぎますね。**

  이것은 너무 평범해요.

호까노 데자인노　모노와　아리마셍까
- **他の デザインの ものは ありませんか。**

  다른 디자인은 없나요?

■ 길다	長い	나가이
■ 짧다	短い	미지까이
■ 깨지기 쉽다	壊れやすい	코와레야스이
■ 다른 것	ほかの物	호까노모노

5. 물건을 살 때

●기본 표현

니센고햐꾸엔데스 도- 나사이마스까
Ⓐ **2,500円です。どう なさいますか。**
2,500엔입니다. 어떻게 하시겠습니까?

하이 소레오 쿠다사이
Ⓑ **はい、それを ください。**
예, 그걸 주십시오.

 재래시장이나 벼룩시장에서 물건을 살 때 꼭 필요한 표현 중 한 가지는 깎아 달라는 표현일 것입니다. 여행가기 전에 꼭 외워두고 갑시다. '少し[1,000円ぐらい] 負けて くださいませんか(스코시[셍엔] 마께떼 쿠다사이마셍까) 조금[천 엔] 정도 깎아 주세요'

기본어휘

■ 구입하다	購入する	코-뉴-스루
■ 값을 깎아 주다	負ける	마께루
■ 비싸다	高い	타까이
■ 싸다	安い	야스이

제1부 IV. 쇼핑

유용한 표현

○ これが 一番 気に 入りますね。
_{고레가　이찌방 키니　이리마스네}

이것이 가장 마음에 듭니다.

○ ちょっと 高いですね。
_{촛또　　　　타까이데스네}

좀 비싸군요.

○ もっと 安いのは ありませんか。
_{못또　야스이노와　아리마셍까}

좀더 싼 것은 없습니까?

○ 予算を オーバーして いますね。
_{요상오　오-바-시떼　　　이마스네}

예산을 초과하는군요.

○ そうですね。もう 一度 考えて みます。
_{소-데스네　　모-　이찌도 캉가에떼 미마스}

글쎄요. 생각해 볼게요.

◢ 팔다	売る	우루
◢ 사다	買う	카우
◢ 배달	配達	하이따쯔
◢ 판매	販売	함바이

6. 계산할 때

기본 표현

고레와　이쿠라데스까
Ⓐ **これは いくらですか。**
이것은 얼마입니까?

세-루시떼　니센엔데스
Ⓑ **セールして 2,000円です。**
세일해서 2,000엔입니다.

 여러 개를 나열해 선택을 요구할 때는 'か'를 사용해 간단히 표현할 수 있습니다. '〜か、〜か……' 예를 들면 'りんごですか、いちごですか、すいかですか(링고데스까 이치고데스까 스이까데스까) 사과로 하시겠습니까, 딸기, 수박으로 하시겠습니까?'

기본어휘

■ 현금	現金	겡낑
■ 수표	小切手	코깃떼
■ 동전	小銭	코제니
■ 거스름돈	おつり/つり銭	오츠리/츠리셍

유용한 표현

시하라이와 도꼬데스까
○ **支払いは どこですか。**

어디에서 계산하죠?

이쿠라데스까
○ **いくらですか。**

얼마입니까?

겡낑데스까 카-도데스까
○ **現金ですか、カードですか。**

현금입니까, 카드입니까?

비자카-도데 이-데스까
○ **ビザカードで いいですか。**

비자카드로 괜찮습니까?

고꼬니 사잉오 오네가이시마스
○ **ここに サインを お願いします。**

여기에 서명해 주세요.

▟ 할인	**割り引き**	와리비끼
▟ 합치다	**合わせる**	아와세루
▟ 따로따로	**別々に**	베쯔베쯔니
▟ 지불하다	**支払う**	시하라우

7. 환불, 교환할 때

●기본 표현

나니오 오테쯔다이마쇼-까
Ⓐ **何を お手伝いましょうか。**
뭘 도와 드릴까요?

시하라이오 헹꺄꾸시떼 이타다끼따인데스가
Ⓑ **支払いを 返却して いただきたいんですが。**
환불을 하고 싶습니다만.

 'いただく'는 'もらう'의 공손한 말씨입니다. '~て형'의 뒤에 쓰이면 '~해 받다'라는 뜻이 되어 완곡하게 '~하겠습니다'라는 뜻이 됩니다.

기본어휘

■ 교환	取り替え／交換	토리까에/코-깡
■ 반환하다	払い戻す	하라이모도스
■ 반환	返却	헹꺄꾸
■ 반품	返品	헴삔

유용한 표현

나니까 마찌가이데모　아리마스까
○ **何か 間違いでも ありますか。**

무슨 문제라도 있나요?

오-끼스기마스
○ **大きすぎます。**

너무 큽니다.

고노　코-토오　헴삔시따인데스가
○ **この コートを 返品したいんですが。**

이 코트를 반품하려고 합니다만.

고레오　토리까에시따인데스가
○ **これを 取り替えしたいんですが。**

이것을 교환하고 싶습니다만.

료-슈-쇼-와 아리마스까
○ **領収証は ありますか。**

영수증은 있습니까?

▰ 영수증	領収書	료-슈-쇼-
▰ 품질	品質	힝시쯔
▰ 모양	形	카따찌
▰ 분할지불, 할부	分割 払い	붕까쯔 바라이

일본에서의 쇼핑

일본은 쇼핑의 천국이라 할 만큼 쇼핑을 즐길 만한 곳이 아주 많습니다. 긴자를 비롯하여 신쥬쿠, 시부야, 이케부쿠로, 우에노 등에는 수많은 상점과 백화점이 들어서 있습니다. 한 가지 유의할 사항은 일본에서는 어디서나 상품에 반드시 정찰가격이 붙어 있다는 것인데, 아키하바라 전자상가 등 특수한 곳을 제외하고는 정찰가격을 깎을 수 없게 되어 있습니다.

- **긴자(銀座) 쇼핑가** : 일본에서 가장 번화한 쇼핑가입니다. 마쓰야(松屋), 마쓰자카야(松坂屋), 미쓰코시(三越) 등의 백화점이 있고 고급양품, 귀금속, 도자기, 의상실 등 화려하고 멋지게 차려놓은 전문가게가 1가에서 8가까지 늘어서 있습니다.

- **아키하바라(秋葉原) 전자상가** : 세계적으로 유명한 전자상가로 아키하바라역 서쪽 출구를 중심으로 하여 1㎞에 걸쳐 크고 작은 1천여 점의 상점들이 몰려 있습니다. 건전지에서부터 가전제품, 오디오, 컴퓨터까지 전기에 관해 없는 제품이 없습니다. 이곳의 특징은 우선 값이 싸다는 것인데, 어느 상점이나 대개 20~30% 할인해 주며, 흥정에 따라 더 할인할 수도 있습니다.

- **신쥬쿠(新宿) 카메라 상가** : 신쥬쿠역 서쪽 출구 야스다세이메이(安田生命) 빌딩을 중심으로 요도바시 카메라 외에 도이 · 사쿠라 등 일본 3대 카메라 업계의 각 매장들이 할인경쟁을 벌이고 있어 20~40% 싸게 살 수 있습니다. 카메라 이외에 가전제품이나 OA기기, 시계까지 폭넓게 취급합니다.

Part V 교통과 관광

1. 길을 물을 때 ①
2. 길을 물을 때 ②
3. 위치를 알려 줄 때 ①
4. 위치를 알려 줄 때 ②
5. 버스를 이용할 때
6. 지하철을 이용할 때
7. 택시를 이용할 때
8. 기차를 이용할 때
9. 관광지에서 ①
10. 관광지에서 ②

주요 표현 11

(1) しんじゅくへ 行く 道を 教えて ください。
신주꾸에　　　이꾸　미찌오　오시에떼　쿠다사이
신쥬쿠로 가는 길을 가르쳐 주세요.

(2) ここは どこですか。
고꼬와　도꼬데스까
여기는 어디입니까?

(3) どのくらい かかりますか。
도노쿠라이　카까리마스까
얼마나 걸립니까?

(4) 歩いて 十分 くらいです。
아루이떼　줍뿡　쿠라이데스
걸어서 10분 정도입니다.

(5) まっすぐ 行って ください。
맛스구　잇떼　쿠다사이
곧장 가세요.

제1부 Ⅴ. 교통과 관광

(6)
료-낑와　이쿠라데스까
料金は いくらですか。
요금은 얼마입니까?

(7)
도꼬데　노리까에마스까
どこで 乗り換えますか。
어디서 갈아탑니까?

(8)
도찌라에　이키마스까
どちらへ 行きますか。
어디로 가십니까?

(9)
쿠-꼬-마데　오네가이시마스
空港まで お願いします。
공항까지 부탁합니다.

(10)
고꼬데　토메떼　쿠다사이
ここで 止めて ください。
여기서 세워 주세요.

(11)
고노　마찌노 캉꼬- 팡후렛또가　　호시-노데스가
この 町の 観光 パンフレットが ほしいのですが。
이 도시 관광 팜플렛을 원합니다만.

81

1. 길을 물을 때 ①

●기본 표현

시쯔레-시마스 유-빙꾜꾸와 도꼬니 아리마스까
ⓐ **失礼します。郵便局は どこに ありますか。**
실례합니다. 우체국이 어디에 있죠?

고노 카도오 미기니 마갓떼   잇떼   쿠다사이
ⓑ **この 角を 右に 曲がって 行って ください。**
이 모퉁이 오른쪽으로 돌아가세요.

 일본에서 길을 잃었을 경우에는 '**交番**(코-방) 파출소'에서 물어보면 가장 정확하고 친절하게 가르쳐 줍니다. '**交番**'은 '**交番所**(코-방쇼)'의 준말입니다.

기본어휘

■ 건물	建物	타떼모노
■ 고층빌딩	高層ビル	코-소-비루
■ 공원	公園	코-엥
■ 광장	広場	히로바

제1부 Ⅴ. 교통과 관광

● 유용한 표현

키노꾸니야니와　도-　잇따라　이-데스까
○ **紀伊国屋には どう 行ったら いいですか。**

기노쿠니야에는 어떻게 가면 되나요?

고노　치까꾸니　깅꼬-가　아리마스까
○ **この 近くに 銀行が ありますか。**

이 근처에 은행이 있나요?

고꼬까라　도노쿠라이　토-이데스까
○ **ここから どのくらい 遠いですか。**

여기서 얼마나 멉니까?

고꼬와　토-꾜-에끼데스까
○ **ここは 東京駅ですか。**

여기가 도쿄역입니까?

고꼬까라　도노쿠라이　아리마스까
○ **ここから どのくらい ありますか。**

앞으로 얼마나 더 가죠?

◢ 다리	橋	하시
◢ 육교	歩道橋	호도-쿄-
◢ 지하도	地下道	치카도-
◢ 지도	地図	치즈

2. 길을 물을 때 ②

기본 표현

<small>고노 헨니 깅꼬-와 아리마스까</small>
Ⓐ **この 辺に 銀行は ありますか。**
이 근처에 은행이 있습니까?

<small>하이 츠기노 부록꾸니 히또쯔 아리마스</small>
Ⓑ **はい、次の ブロックに ひとつ あります。**
예, 다음 블럭에 하나 있습니다.

 수를 세는 방법은 기본적으로 '一(이치), 二(니), 三(상), 四(시), 五(고), 六(로꾸), 七(시찌), 八(하찌), 九(쿠/큐-), 十(쥬-)'로 읽지만, 물건의 개수나 연령을 나타낼 때는 '一つ(히또쯔), 二つ(후따쯔), 三つ(밋쯔), 四つ(욧쯔), 五つ(이쯔쯔), 六つ(뭇쯔), 七つ(나나쯔), 八つ(얏쯔), 九つ(고꼬노쯔), 十(토-)'라고 읽습니다.

기본 어휘

▰ 고속도로	高速道路	코-소꾸도-로
▰ 관공서	役所	야꾸쇼
▰ 다방	喫茶店	킷사뗑
▰ 도서관	図書館	토쇼깡

제1부 V. 교통과 관광

유용한 표현

고노　미찌와 에끼니 이꾸　미찌데스까
● この 道は 駅に 行く 道ですか。

이 길이 역으로 가는 길인가요?

고꼬까라　토-이데스까
● ここから 遠いですか。

여기서 멉니까?

아루이떼　도노쿠라이　카까리마스까
● 歩いて どのくらい かかりますか。

걸어서 얼마나 걸리나요?

스미마셍가　　미찌쥰오 에가이떼 이따다께마스까
● すみませんが、道順を 描いて いただけますか。

미안합니다만, 가는 길을 좀 그려 주실래요?

쿠루마데 도노쿠라이　카까리마스까
● 車で どのくらい かかりますか。

차로는 얼마나 걸립니까?

▰ 영화관	映画館	에-가깡
▰ 유원지	遊園地	유-엔찌
▰ 전화국	電話局	뎅와꾜꾸
▰ 학교	学校	각꼬-

3. 위치를 알려 줄 때 ①

기본 표현

Ⓐ 郵便局へは どう やって 行きますか。
　　유-빙꾜꾸에와　도-　얏떼　　이키마스까

우체국으로 가는 길을 알려 주시겠어요?

Ⓑ そのまま かどの ところまで まっすぐ 行って 右に 曲がって ください。
　소노마마 카도노 토꼬로마데 맛스구 잇떼 미기니 마갓떼 쿠다사이

이대로 모퉁이까지 곧장 걸어가서 오른쪽으로 가세요.

 'へ'는 오십음도에서는 '헤'로 읽히지만, '~에, ~로'란 뜻의 접속사로 쓰일 때에는 '에'로 읽혀집니다.

기본 어휘

▰ 건널목	踏切	후미끼리
▰ 교차로	交差点	코-사뗑
▰ 보도, 인도	歩道	호도-
▰ 신호	信号	싱고-

유용한 표현

미찌오 와땃떼　　미기노 호-니 잇떼　　쿠다사이
○ **道を わたって 右の 方に 行って ください。**
  길을 건너서 오른쪽으로 가세요.

니밤메노　　싱고-데　히다리니 마갓떼　　쿠다사이
○ **２番目の 信号で 左に 曲がって ください。**
  두 번째 신호등에서 왼쪽으로 가세요.

미기니 마갓떼　후따쯔노 부록꾸오　　이쿠또　유-빙꼬꾸가 미에마스
○ **右に 曲がって 二つの ブロックを 行くと 郵便局が 見えます。**
  오른쪽으로 돌아서 두 블록을 더 가면 우체국이 보일 겁니다.

고노　미찌오 즛또　　잇떼　　쿠다사이
○ **この 道を ずっと 行って ください。**
  이 길로 계속 가십시오.

산줍뽕 구라이　아루이떼 이쿠또　아리마스
○ **30分ぐらい 歩いて いくと あります。**
  30분 정도 걸으면 됩니다.

▰ 일방통행	**一方通行**	입뽀-쯔-꼬-
▰ 큰거리	**大通り**	오-도-리
▰ 이정표	**里程標**	리떼-효-
▰ 횡단보도	**横断歩道**	오-당호도-

4. 위치를 알려 줄 때 ②

● 기본 표현

<small>고노 비루노 나까니 쿠스리야와 아리마스까</small>
Ⓐ **この ビルの 中に 薬屋は ありますか。**
이 건물에 약국이 있습니까?

<small>하이 니카이니 아리마스</small>
Ⓑ **はい、2階に あります。**
예, 2층에 있습니다.

 건물의 층수를 나타낼 때는 조수사 '階(카이)'를 사용합니다. '一階(익까이), 二階(니까이), 三階(상까이), 四階(용까이), 五階(고까이), 六階(록까이), 七階(나나까이), 八階(학까이), 九階(큐-까이), 十階(직까이)'

기본어휘

■ 건너다	渡る	와따루
■ 똑바로 가다	まっすぐ 行く	맛스구 이꾸
■ 막다른 곳	突き当たり	쯔끼아따리
■ 바깥쪽	外側	소또가와

제1부 V. 교통과 관광

유용한 표현

로-카오 츠땃떼 오리떼 이쿠또 히다리노 호-니 아리마스
○ **ろうかを つたって 降りて いくと 左の 方に あります。**

복도를 따라 내려가면 왼쪽에 있어요.

상까이마데 아루이떼 카이당오 아갓떼 쿠다사이
○ **3階まで 歩いて 階段を あがって ください。**

3층까지 걸어 올라가세요.

스미마셍 요꾸 와까리마셍
○ **すみません。よく 分かりません。**

미안하지만 잘 모르겠습니다.

츠기노 마가리카도오 히다리니 잇떼 쿠다사이
○ **次の 曲がり角を 左に 行って ください。**

다음 길 모퉁이를 왼쪽으로 도십시오.

소노 미찌노 무꼬- 가와니 아리마스
○ **その 道の 向こう 側に あります。**

그 길 건너편에 있어요.

▰ 안쪽	**内側**	우찌가와
▰ 반대 방면	**反対方面**	한따이호-멩
▰ 오른쪽으로 돌다	**右へ 曲がる**	미기에 마가루
▰ 왼쪽으로 돌다	**左へ 曲がる**	히다리에 마가루

89

5. 버스를 이용할 때

●기본 표현

고노 바스와 아카사까에 이키마스까
Ⓐ **この バスは 赤坂へ 行きますか。**
이 버스는 아카사카에 갑니까?

하이 이키마스
Ⓑ **はい、行きます。**
예, 갑니다.

일본의 버스는 우리나라와 달리 가는 거리에 따라서 요금이 달라집니다. 대개 운전수 위에 모니터가 설치되어 있어 자기가 내려야 할 곳과 요금을 알 수 있습니다. 또 한 가지 특이한 점은 운전수가 매번 승차, 발차와 우회전, 좌회전을 할 때 미리 승객에게 방송을 해줍니다.

기본어휘

■ 버스	バス	바스
■ 버스 타는 곳	バス乗り場	바스노리바
■ 버스정류장	バス停	바스떼-
■ 버스요금	バス代	바스다이

유용한 표현

바스노리바와 　 도꼬데쇼-까
◎ バス乗り場は どこでしょうか。

버스 타는 곳은 어디입니까?

도꼬데 　 오리레바 　 이-데스까
◎ どこで 降りれば いいですか。

어디서 내리면 됩니까?

우에노코-엔 유끼노 　 바스노리바와 　 도꼬데스까
◎ 上野公園 行きの バス乗り場は どこですか。

우에노 공원 가는 버스는 어디서 탑니까?

고꼬까라 　 도노쿠라이 　 아리마스까
◎ ここから どのくらい ありますか。

앞으로 얼마나 더 갑니까?

고노 　 바스와 　 도꼬니 　 이쿠 　 바스데스까
◎ この バスは どこに 行く バスですか。

이 버스는 어디로 가는 버스입니까?

◢ 시내버스	市内バス	시나이바스
◢ 공항버스	エアポートバス	에아뽀-또바스
◢ 관광버스	観光バス	캉꼬-바스
◢ ~번째	~番目	~밤메

6. 지하철을 이용할 때

●기본 표현

_{후지산니　이쿠니와　도꼬데　노리까에마스까}
ⓐ **富士山に 行くには どこで 乗り換えますか。**
후지산에 가려면 어디서 갈아타야 합니까?

_{미시마에끼데 노리까에떼　쿠다사이}
ⓑ **三島駅で 乗り換えて ください。**
미시마역에서 갈아타세요.

일본의 지하철은 2호선과 같이 동경 시가지를 도는 순환선인 JR야마노테센을 비롯하여 약 15개의 전철 노선과 국철, 사철이 연결되어 있습니다. 동경 시내에서는 지하철만 잘 타면 어디든지 갈 수 있습니다. 지하철마다 회사가 달라서 표를 다시 끊어야 할 수도 있으므로 주의해야 합니다.

기본 어휘

■ 출발하다	出発する	슙빠쯔스루
■ 도착하다	着く	쯔꾸
■ 갈아타다	乗り換える	노리까에루
■ 타다	乗る	노루

92　즉석 활용! 지름길 여행 일본어

제1부 Ⅴ. 교통과 관광

● 유용한 표현

토-꾜-타와-에와　치까떼쯔데　이케마스까
○ **東京タワーへは 地下鉄で 行けますか。**
도쿄타워는 지하철로 갈 수 있습니까?

마루노우찌노 데구찌와 도꼬데스까
○ **丸ノ内の 出口は どこですか。**
마루노우치의 출구는 어디입니까?

치까떼쯔와　난지니　나루또　나꾸나리마스까
○ **地下鉄は 何時に なると なくなりますか。**
지하철은 몇 시가 되면 끊깁니까?

로셍오　마찌가에마시따
○ **路線を 間違えました。**
노선을 잘못 탔어요.

아키하바라니 이쿠니와　나니센니 노레바　이-데스까
○ **秋葉原に 行くには 何線に 乗れば いいですか。**
아키하바라에 가려면 어떤 지하철을 타야 합니까?

■ 내리다	降りる	오리루
■ 마지막 전차	終電	슈-뎅
■ 전철	電車	덴샤
■ 지하철	地下鉄	치까떼쯔

7. 택시를 이용할 때

●기본 표현

시부야에끼마데　오네가이시마스
Ⓐ **渋谷駅まで　お願いします。**
시부야역까지 가 주세요.

하이　　카시꼬마리마시따
Ⓑ **はい、かしこまりました。**
예, 알겠습니다.

 일본의 택시는 기본요금이 매우 비쌉니다. 하지만 주소만 있으면 어디든지 찾아갈 수 있고, 짐이 많아도 택시기사가 매우 친절하다는 장점으로 필요할 때 택시를 이용한다면 후회는 없을 듯합니다. 특이한 점은 택시의 뒷문은 자동문으로 되어 있습니다.

기본어휘

▰ 택시	**タクシー**	타꾸시-
▰ 택시를 잡다	**タクシーを 拾う**	타꾸시-오 히로우
▰ 우회전	**右折**	우세쯔
▰ 좌회전	**左折**	사세쯔

제1부 Ⅴ. 교통과 관광

● 유용한 표현

<u>타꾸시-노리바와</u> <u>도꼬데스까</u>
○ **タクシー乗り場は どこですか。**

택시 타는 곳은 어디입니까?

<u>고노</u> <u>쥬-쇼마데</u> <u>오네가이시마스</u>
○ **この 住所まで お願いします。**

이 주소까지 부탁합니다.

<u>토-꾜-에끼마데 타꾸시- 료-낑와 이쿠라니 나리마스까</u>
○ **東京駅まで タクシー 料金は いくらに なりますか。**

도쿄역까지는 택시 요금이 얼마 정도 나오나요?

<u>고꼬데 맛떼 이테 쿠다사이마셍까</u>
○ **ここで 待って いて くださいませんか。**

여기서 기다려 주시지 않겠습니까?

<u>아소꼬데 토메떼 쿠레마스까</u>
○ **あそこで 止めて くれますか。**

저기서 세워 주시겠습니까?

◼ 안전벨트	シート ベルト	시-또 베루또
◼ 할증요금	割増料金	와리마시료-낑
◼ 합승	相乗り	아이노리
◼ 차를 멈추다	車を 止める	쿠루마오 토메루

8. 기차를 이용할 때

●기본 표현

쿄-또유끼노　렛샤와　난지노가　아리마스까
Ⓐ **京都行きの 列車は 何時のが ありますか。**
교토행 열차는 몇 시 것이 있나요?

쥬-지 산줍뽕하쯔노가　아리마스
Ⓑ **10時 30分発のが あります。**
10시 30분발이 있습니다.

일본의 기차는 신칸센(新幹線), 특급(特急), 급행(急行), 쾌속(快速), 보통(普通) 열차로 등급이 나뉩니다. 이 순서대로 기차의 빠르기가 정해지며, 이에 비례해 기차 요금도 달라집니다.

기본어휘

■ 기차	汽車	키샤
■ 표	切符	킵뿌
■ 매표소	切符売り場	킵뿌우리바
■ 보통열차	普通列車	훗쯔-렛샤

96 즉석 활용! 지름길 여행 일본어

제1부 V. 교통과 관광

● 유용한 표현

_{쿄-또유끼노   킵뿌와   도꼬노   마도구찌데 웃떼   이마스까}
○ **京都行きの 切符は どこの 窓口で 売って いますか。**

교토 가는 표는 어느 창구에서 팝니까?

_{쿄-또마데   이쿠라데스까}
○ **京都まで いくらですか。**

교토까지 얼마입니까?

_{오-후꾸데 쿠다사이}
○ **往復で ください。**

왕복으로 부탁드립니다.

_{난지니   슛빠쯔시마스까}
○ **何時に 出発しますか。**

몇 시에 출발합니까?

_{츠기와 도꼬노   에끼데스까}
○ **次は どこの 駅ですか。**

다음 역은 어디입니까?

▰ 급행열차	急行列車	큐-꼬-렛샤
▰ 신칸센	新幹線	싱깐센
▰ 역	駅	에끼
▰ 철도	鉄道	테쯔도-

9. 관광지에서 ①

●기본 표현

토-꾜-노 메이쇼와 도꼬데스까
Ⓐ **東京の 名所は どこですか。**
도쿄의 명소는 어디입니까?

토-꾜-노 메이쇼와 우에노코-엔데스
Ⓑ **東京の 名所は 上野公園です。**
도쿄의 명소는 우에노 공원입니다.

 관광지에서는 보통 귀국 후 아는 사람들에게 줄 선물을 사게 되는데, 이를 '**お土産**(오미야게)'라고 합니다. 이외에 평소에 신세를 진 사람이나 직장 상사에게 고마움의 뜻으로 전달하는 것은 '**贈り物**(오꾸리모노)'라고 합니다.

기본 어휘

■ 관광지	観光地	캉코-찌
■ 명승지	名所	메-쇼
■ 박물관	博物館	하꾸부쯔깡
■ 볼만한 것	見物	미모노

제1부 V. 교통과 관광

유용한 표현

○ この 町の 観光パンフレットが ほしいのですが。
　　고노　마찌노　캉꼬-팡후렛또가　　　　호시-노데스가

이 도시 관광 팜플렛을 원합니다만.

○ 市内地図は ありますか。
　　시나이치즈와　아리마스까

시내 지도는 있습니까?

○ 名所は どこどこですか。
　　메-쇼와　도꼬도꼬데스까

명소는 어디어디입니까?

○ 観光バスは ありますか。
　　캉꼬-바스와　아리마스까

관광 버스는 있습니까?

○ 日帰りの コースは ありますか。
　　히가에리노　코-스와　아리마스까

하루 코스는 있습니까?

유적	遺跡	이세끼
문화재	文化財	붕까자이
공예품	工芸品	코-게-힝
민속	民俗	민조꾸

10. 관광지에서 ②

기본 표현

A **すみませんが、市内地図 一枚 ください。**
스미마셍가　시나이치즈 이찌마이 쿠다사이
실례합니다만, 시내지도 한 장 주세요.

B **はい、どうぞ。**
하이　도-조
예, 여기 있습니다.

'すみません'은 보통 사과의 의미로 '죄송합니다'라는 뜻으로 사용되지만, 주문을 할 경우나 모르는 사람에게 말을 걸 때 자신에게 주위를 끌기 위해 사용하기도 합니다. 이 경우는 '실례합니다만……'의 뜻입니다.

기본어휘

■ 가이드	ガイド	가이도
■ 기념사진	記念写真	키넹샤싱
■ 사진을 찍다	写真を 撮る	샤싱오 토루
■ 여행안내소	旅行案内所	료코-안나이쇼

100　즉석 활용! 지름길 여행 일본어

제1부 V. 교통과 관광

유용한 표현

○ 切符は どこで 買えますか。
　킵뿌와　도꼬데　카에마스까

표는 어디서 삽니까?

○ 入場料は いくらですか。
　뉴-죠-료-와　이쿠라데스까

입장료는 얼마입니까?

○ いい けしきですね。
　이-　케시끼데스네

좋은 경치로군요.

○ ここで 写真を 撮っても いいですか。
　고꼬데　샤싱오　톳떼모　이-데스까

여기서 사진을 찍어도 좋습니까?

○ シャッターを 押して ください。
　샷따-오　오시떼　쿠다사이

셔터 좀 눌러 주세요.

입장료	入場料	뉴-죠-료-
통역	通訳	츠-야꾸
유명하다	名高い	나다까이
경치, 풍경	景色	케시끼

일본문화산책

일본의 관광

관광을 계획하였을 때는 먼저 그 지역의 관광안내소를 찾아보는 것이 좋습니다. 관광안내소는 보통 대도시의 공항이나 역 등에 있는데, 도쿄나 오사카, 교토, 나라 같은 유명 관광지의 안내소에는 영문과 일문으로 된 각종 관광지도와 팜플렛 등이 비치되어 있습니다. 그러나 만약 관광안내소가 따로 없는 지역이라면 기차역 구내의 안내소와 호텔·여관의 프런트에서 간단한 지도나 팜플렛 등을 구할 수도 있습니다.

한편, 관광하고자 하는 지역의 지리에 익숙하지 않거나 또는 관광일정에 여유가 없는 경우라면 도쿄의 하토바스와 같은 정기 관광버스를 이용하는 것이 효과가 있습니다. 정기 관광버스는 관광객들이 찾아들 만한 도시에는 대개 운영이 되고 있는데, 두세 시간 정도의 손쉬운 코스로부터 만 하루가 걸리는 코스 등으로 다양합니다. 중요한 곳을 짧은 시간에 저렴한 값으로 구경할 수가 있으므로 처음 가는 도시에서는 꼭 시도해 볼 만한 좋은 방법이 될 것입니다.

[일본 후지산]

Part VI 일상생활의 장소

1. 우체국
2. 은행
3. 미용실 · 이발소

주요 표현 11

(1) お金を 少し おろしたいんです。
오까네오　스꼬시　오로시따인데스
돈을 좀 찾고 싶습니다.

(2) お金を 交換したいのですが。
오까네오　코-깐시따이노데스가
돈을 바꾸고 싶은데요.

(3) 韓国の お金を 日本の お金に 換えたいのですが。
캉코꾸노 오카네오　니혼노　오카네니 카에따이노데스가
한국돈을 일본돈으로 바꾸고 싶은데요.

(4) 小銭を 少し 入れて ください。
코제니오　스꼬시 이레떼　쿠다사이
잔돈을 조금 섞어 주세요.

(5) ここで 為替送金が できますか。
고꼬데　카와세소-낑가　데끼마스까
여기서 외환 송금 할 수 있어요?

제1부 Ⅵ. 일상생활의 장소

(6) 고노　코즈츠미오 캉코꾸니 오꾸리따인데스가
この 小包を 韓国に 送りたいんですが。
이 소포를 한국으로 보내고 싶은데요.

(7) 가끼토메데 오네가이시마스
書留で おねがいします。
등기로 부탁합니다.

(8) 햐꾸엔노　킷떼오　니마이 쿠다사이
100円の きってを 2枚 ください。
100엔 우표 2장 주세요.

(9) 이츠고로　츠끼마스까
いつごろ 着きますか。
언제쯤 도착합니까?

(10) 코-꾸-빈데 난니찌 카까리마스까
航空便で 何日 かかりますか。
항공편으로 며칠 걸립니까?

(11) 고노　카미가따니 시떼 쿠다사이
この 髪型に して ください。
이 머리 모양으로 해주세요.

1. 우체국

●기본 표현

にひゃくごじゅう-엔노 킷떼오 고마이 쿠다사이
Ⓐ **250円の 切手を 5枚 ください。**
250엔짜리 우표 5장 주십시오.

하이 니햐꾸고쥬-엔노 킷떼 고마이데스
Ⓑ **はい、250円の 切手 5枚です。**
예, 250엔짜리 우표 5장입니다.

 종이로 된 물건을 셀 때에는 '枚(마이)'를 사용합니다. '一枚(이찌마이), 二枚(니마이), 三枚(삼마이), 四枚(욤마이), 五枚(고마이), 六枚(로꾸마이), 七枚(시찌마이), 八枚(하찌마이), 九枚(큐마이), 十枚(쥬-마이)'

기본어휘

▰ 우체국	郵便局	유-빙쿄꾸
▰ 우편요금	郵便料金	유-빙료-낑
▰ 주소	住所	쥬-쇼
▰ 받는 사람	受取人	우케또리닝

유용한 표현

切手を 買いたいんです。
_{킷떼오 카이따인데스}

우표를 사고 싶습니다.

この 手紙を カナダへ 出したいんです。
_{고노 테가미오 카나다에 다시따인데스}

이 편지를 캐나다로 보내고 싶습니다.

この 手紙を 普通便[速達/書留]で 出したいです。
_{고노 테가미오 후쯔-빈[소꾸따쯔/가끼토메]데 다시따이데스}

이 편지를 보통 우편[속달/등기]으로 보내고 싶습니다.

あちらに 届くまで どのくらい かかりますか。
_{아찌라니 토도꾸마데 도노쿠라이 카까리마스까}

거기에 도착하는 데 얼마나 걸립니까?

絵はがきは 韓国まで いくらですか。
_{에하가끼와 캉꼬꾸마데 이쿠라데스까}

한국으로 보내는 엽서는 얼마입니까?

▰ 편지	手紙	테가미
▰ 소포	小包	코즈쯔미
▰ 내용물	中身	나까미
▰ 항공우편	航空便	코-꾸-빙

2. 은행

● 기본 표현

ⓐ 何を お手伝い しましょうか。
나니오 오테쓰다이 시마쇼-까
뭘 도와 드릴까요?

ⓑ この 小切手を 現金に 換えたいんです。
고노 코깃떼오 겡낀니 카에따인데스
이 수표를 현금으로 바꾸고 싶습니다.

 나라마다 화폐를 세는 단위가 있습니다. 일본은 '円(엔)'이고 미국은 'ドル(도루)', 한국은 'ウォン(원)', 유럽은 'ユロ(유로)' 입니다.

기본어휘

■ 은행	銀行	깅꼬-
■ 구좌	口座	코-자
■ 송금	送金	소-낑
■ 금액	金額	킹가꾸

제1부 Ⅵ. 일상생활의 장소

유용한 표현

> 고레오 코제니니 쿠즈시떼 쿠다사이
> **これを 小銭に くずして ください。**
> 이것을 잔돈으로 바꿀 수 있습니까?

> 고노 코깃떼오 겡낀니 카에떼 쿠다사이마셍까
> **この 小切手を 現金に 換えて くださいませんか。**
> 이 수표를 현금으로 바꾸어 주시겠어요?

> 우라가와니 사잉오 오네가이시마스
> **裏側に サインを お願いします。**
> 뒷면에 서명을 부탁드립니다.

> 캉꼬꾸노 원오 도루니 료-가에시따인데스
> **韓国の ウォンを ドルに 両替したいんです。**
> 한국 돈을 달러로 바꾸고 싶습니다.

> 쿄-노 료-가에노 레-또와 이쿠라데스까
> **今日の 両替の レートは いくらですか。**
> 오늘의 환율은 어떻게 됩니까?

◢ 예금	預金	요낑
◢ 잔고	残高	잔다까
◢ 창구	窓口	마도구찌
◢ 화폐	貨幣	카헤-

3. 미용실 · 이발소

기본 표현

ⓐ **どんな スタイルに しますか。**
돈나　스따이루니　시마스까
어떤 스타일로 해드릴까요?

ⓑ **切って ほしいんです。**
킷떼　호시-인데스
컷트하고 싶습니다.

일본도 우리나라와 같이 미용실과 이발소가 따로따로 있습니다. 비용은 약간 비싼 편인데, 미용실에 따라서는 '스타일비'라고 해서 가르마 위치를 정해 주면서도 돈을 받는다고 합니다. 물론 머리를 손질한 후 샴푸를 하는 경우에도 비용을 따로 내야 합니다.

기본 어휘

■ 미용실	美容院	비요-잉
■ 이발소	とこや	토꼬야
■ 자르다	カットする	캇또스루
■ 파마하다	パーマを かける	파-마오 카께루

110　즉석 활용! 지름길 여행 일본어

제1부 Ⅵ. 일상생활의 장소

유용한 표현

고노 스따이루니 시떼 쿠다사이
○ この スタイルに して ください。

이 스타일로 해주세요.

미지까꾸 킷떼 쿠다사이
○ 短く 切って ください。

짧게 잘라 주세요.

스따이루와 코노마마니 시떼 토또노에떼 쿠다사이
○ スタイルは このままに して 整えて ください。

스타일은 그대로 하고 다듬어 주세요.

파-마오 카께따인데스
○ パーマを かけたいんです。

파마를 하고 싶습니다.

고노마마 토또노에떼 쿠다사이
○ このまま 整えて ください。

그냥 다듬어 주세요.

◾ 샴푸	シャンプー	샴푸-
◾ 비누	石鹸	섹껜
◾ 드라이	ブロー	부로-
◾ 머리를 감다	髪を 洗う	카미오 아라우

111

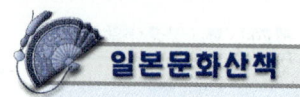

일본문화산책

일본의 화폐

일본의 통화단위는 엔이라고 하며, ￥·円으로 표시를 합니다. 일본에서 일반적으로 사용되는 통화의 종류는 우리나라와 마찬가지로 지폐와 동전이 있습니다. 지폐로는 1,000, 2,000, 5,000, 10,000엔짜리가 있고, 동전으로는 1, 5, 10, 50, 100, 500 엔짜리가 있습니다.

최근에 나온 2,000엔권 지폐를 제외한 나머지 지폐에는 메이지(明治)시대에 활약한 국가적인 영웅들이나 위인들이 실려 있습니다.

가장 고액권인 10,000엔권 지폐에는 일본 최초의 대학인 게이오(慶応)대학을 설립한 후쿠자와 유키치(福沢諭吉;1835~1901), 5,000엔권에는 교육자이자 외교관으로 활약한 니토베 이나조(新渡戸稲造;1862~1933), 가장 대중적인 지폐인 1,000엔권에는 메이지 문단의 일인자인 나쓰메 소세키(夏目漱石;1867~1916)가 그려져 있습니다.

Part VII 질병과 사고

1. 약국에서
2. 병원에서 ①
3. 병원에서 ②
4. 귀중품을 잃어버렸을 때
5. 사고가 났을 때

주요 표현 11

(1) お医者さんを 呼んで ください。
오이샤상오 욘데 쿠다사이
의사를 불러 주세요.

(2) 助けて（ください）!
타스케떼 (쿠다사이)
도와줘(요)!

(3) どろぼうだ!
도로보-다
도둑이야!

(4) 頭が いたいんです。
아따마가 이타인데스
머리가 아픕니다.

(5) 財布を なくしました。
사이후오 나꾸시마시따
지갑을 잃어버렸습니다.

제1부 Ⅶ. 질병과 사고

(6)
뵤-인니 츠레떼 잇떼 쿠다사이
病院に つれて いって ください。
병원에 데려다 주세요.

(7)
사이후오 누스마레마시따
財布を 盗まれました。
지갑을 도둑맞았습니다.

(8)
스리니 아이마시따
スリに あいました。
소매치기를 당했습니다.

(9)
케이사쯔오 욘데 쿠다사이
警察を 呼んで ください。
경찰을 불러주세요.

(10)
큐-뀨-샤오 욘데 쿠다사이
救急車を 呼んで ください。
구급차를 불러 주세요.

(11)
캉꼬꾸타이시깡 뎅와방고-또 쥬-쇼오 오시에떼 쿠다사이
韓国大使館 電話番号と 住所を 教えて ください。
한국대사관 전화번호와 주소를 가르쳐 주세요.

1. 약국에서

●기본 표현

나니까 고요-데스까
Ⓐ **何か ご用ですか。**
뭘 도와 드릴까요?

요꾸 키꾸 카제구스리와 아리마스까
Ⓑ **よく 効く 風邪薬は ありますか。**
잘 듣는 감기약 있습니까?

 두 개의 명사가 합쳐져 한 단어가 되는 경우에 뒤의 명사는 탁음이 됩니다. 예를 들어 '風邪(かぜ 카제) 감기+薬(くすり 쿠스리) 약 = 風邪薬(かぜぐすり 카제구스리)'로 '쿠'가 '구'로 발음됩니다. 그리고 '약을 먹다'는 '食べる(타베루) 먹다'를 사용하지 않고 '飲む(노무) 마시다'의 단어를 사용합니다.

기본 어휘

▉ 약국	薬局	약꾜꾸
▉ 약을 먹다	薬を 飲む	쿠스리오 노무
▉ 바르는 약	塗薬	누리구스리
▉ 처방전	処方箋	쇼호-셍

제1부 Ⅶ. 질병과 사고

● 유용한 표현

즈쯔-가   히도인데스
● **頭痛が ひどいんです。**

두통이 너무 심해요.

노도가 이타이데스
● **喉が いたいです。**

목이 아픕니다.

쇼호-센   도-리니 쿠스리오 츠꿋떼   쿠다사이
● **しょほうせん 通りに 薬を 作って ください。**

이 처방전대로 약을 지어 주세요.

욘지깡고또니   니죠-즈쯔 논데   쿠다사이
● **4時間ごとに 2錠ずつ 飲んで ください。**

4시간마다 두 알씩 (이 약을) 드세요.

이찌니찌 상까이 쇼꾸고니 고노 쿠스리오 논데   쿠다사이
● **一日 3回 食後に この 薬を 飲んで ください。**

하루에 세 번씩 식사한 후에 이 약을 드세요.

◼ 진통제	痛み止め	이따미도메
◼ 아스피린	アスピリン	아스삐링
◼ 위장약	胃腸薬	이쵸-야꾸
◼ 설사약	下痢止め	게리도메

2. 병원에서 ①

● 기본 표현

Ⓐ 타나까 센세-또 쥬-지노 야꾸소꾸데스가
田中 先生と 10時の 約束ですが。
다나카 선생님과 10시에 약속이 되어 있습니다만.

Ⓑ 고찌라니 오카께 쿠다사이 스구 센세-오 오요비 이타시마스
こちらに お掛け ください。すぐ 先生を お呼び いたします。
여기에 앉으세요. 곧 선생님을 부르겠습니다.

 '앉다' 는 '腰を 掛ける(코시오 카께루)' 이지만 '腰' 를 생략하여 사용하기도 합니다. '腰を 掛ける' 의 단어 원래 뜻은 '허리를 걸치다' 이지만 의미가 발전되어 '(걸쳐)앉다' 의 뜻으로 쓰입니다.

기본 어휘

◢ 의사	医者	이샤
◢ 간호사	看護婦	캉고후
◢ 입원	入院	뉴-잉
◢ 진찰	診察	신사쯔

118 즉석 활용! 지름길 여행 일본어

제1부 Ⅶ. 질병과 사고

유용한 표현

산지노 요야꾸데스
○ **3時の 予約です。**

3시 예약입니다.

센세-니 아이니 키마시따
○ **先生に 会いに 来ました。**

선생님을 뵈러 왔습니다.

오나마에오 요바레루마데 쇼-쇼- 오마찌 쿠다사이
○ **お名前を 呼ばれるまで 少々 お待ち ください。**

호명되실 때까지 잠시만 기다려 주십시오.

하지메떼노 라이인데시따라 코꼬니 키뉴-시떼 쿠다사이
○ **初めての 来院でしたら、ここに 記入して ください。**

처음 오셨다면 이것을 적어 주세요.

나오루노니 난니찌구라이 카까리마스까
○ **治るのに 何日ぐらい かかりますか。**

나으려면 며칠이나 걸릴까요?

▰ 증상	症状	쇼-죠-
▰ 치료	治療	치료-
▰ 주사	注射	츄-샤
▰ 수술	手術	슈쥬쯔

3. 병원에서 ②

● 기본 표현

나니까 고요-데스까
Ⓐ **何か ご用ですか。**
뭘 도와 드릴까요?

사무께가 시마스
Ⓑ **寒気が します。**
오한이 납니다.

'する(스루)'는 '하다'라는 뜻이지만 그 외에도 많은 의미로 사용됩니다. '**寒気が する**(사무케가 스루) 오한이 나다, **下痢 が する**(게리가 스루) 설사가 나다, **音が する**(오토가 스루) 소리나다'에서는 '(일이) 일어나다, 생기다'의 의미로 사용 되었습니다.

기본 어휘

■ 병원	病院	뵤-잉
■ 환자	患者	칸쟈
■ 내과	内科	나이까
■ 외과	外科	게까

120 즉석 활용! 지름길 여행 일본어

제1부 Ⅶ. 질병과 사고

● 유용한 표현

_{네쯔가 아리마스}
○ **熱が あります。**
열이 납니다.

_{카라다노 구아이가 와루인데스}
○ **体の 具合いが 悪いんです。**
몸이 좋지 않습니다.

_{무네가 후사가리마스}
○ **胸が 塞がります。**
가슴이 답답합니다.

_{고꼬가 스꼬시 이타인데스}
○ **ここが 少し 痛いんです。**
여기가 약간 아픕니다.

_{게리가 시마스}
○ **下痢が します。**
설사가 납니다.

◢ 소아과	小児科	쇼-니까
◢ 안과	眼科	강까
◢ 치과	歯科	시까
◢ 이비인후과	耳鼻咽喉科	지비잉꼬-까

121

4. 귀중품을 잃어버렸을 때

● 기본 표현

ⓐ 나니오 나꾸시마시따까
何を なくしましたか。
무엇을 잃어버렸습니까?

ⓑ 코-꾸-껭오 나꾸시마시따
航空券を なくしました。
항공권을 잃어버렸습니다.

물건을 잃어버렸을 때 사용하는 표현은 'なくす, おとす' 두 가지를 사용합니다. 하지만 'なくす'는 '없어지다'라는 뉘앙스가 있고, 'おとす'는 '떨어뜨리다'라는 뜻으로 자신의 잘못으로 잃어버렸다는 뉘앙스가 포함되어 있습니다.

기본 어휘

▣ 도난당하다	**盗まれる**	누스마레루
▣ 도둑	**泥棒**	도로보-
▣ 순경, 경찰관	**お巡りさん**	오마와리상
▣ 파출소	**交番**	코-방

122 즉석 활용! 지름길 여행 일본어

제1부 Ⅶ. 질병과 사고

● 유용한 표현

타꾸시-노 나까니 파스뽀-또오 와스레떼 키마시따
○ **タクシーの 中に パスポートを 忘れて きました。**
택시 안에서 여권을 잊어버리고 왔습니다.

파스뽀-또오 나꾸시마시따
○ **パスポートを なくしました。**
여권이 없어졌습니다.

카반노 나까오 요꾸 사가시마시따까
○ **かばんの 中を よく 探しましたか。**
가방 안을 잘 찾아보셨나요?

도꼬데 나꾸시따까 와까리마셍
○ **どこで なくしたか、わかりません。**
어디서 잃어버렸는지 모르겠습니다.

나까니와 겡낑가 하잇떼 이마시따
○ **中には 現金が 入って いました。**
안에는 현금이 들어 있었습니다.

◼ 소매치기	すり	스리
◼ 범인	犯人	한닝
◼ 피해자	被害者	히가이샤
◼ 조사	調査	쵸-사

123

5. 사고가 났을 때

● 기본 표현

ⓐ どう^{도-}したんですか、佐藤^{사토-상}さん。

왜 그러세요, 사토오씨?

ⓑ すりに 遭^{앗따}った ようです。

소매치기당한 것 같아요.

'よう'는 확실하지 않은 사실을 단정하는 의미로 '~한 것 같다'의 뜻으로 사용됩니다. 명사 뒤에 '~のように~'의 형식이 되어 '~와 같이, ~처럼'의 뜻입니다.

기본어휘

■ 사고   事故   지꼬
■ 경찰   警察   케-사쯔
■ 범죄   犯罪   한자이
■ 목격자   目撃者   모꾸게끼샤

제1부 Ⅶ. 질병과 사고

●유용한 표현

_{사이후오   스라레마시따}
○ **さいふを すられました。**
지갑을 소매치기당했습니다.

_{도로보-   츠까마에떼}
○ **どろぼう！つかまえて！**
도둑 잡아라!

_{박구오   토라레마시따}
○ **バッグを とられました。**
가방을 도난당했습니다.

_{캉꼬꾸타이시깐니   렌라꾸오   오네가이시마스}
○ **韓国大使館に 連絡を おねがいします。**
한국대사관에 연락을 부탁합니다.

_{케-사쯔오 욘데   쿠다사이}
○ **警察を 呼んで ください。**
경찰을 불러 주십시오.

◢ 용의자	容疑者	요-기샤
◢ 폭력	暴力	보-료꾸
◢ 협박	脅迫	쿄-하꾸
◢ 체포	逮捕	타이호

도움되는 여행정보

- **여행용품** : 여행 가방은 되도록 작고 가벼워야 합니다. 신변용품은 휴대용 가방에, 나머지는 탁송용 가방에 넣습니다. 특히 카메라, 화장품, 안경, 콘텍트렌즈, 여권, 상용문서, 상비약 등은 큰 가방에 넣지 말고 휴대용 가방에 꾸리도록 합니다. 그리고 분실될 경우를 대비해 나라 이름, 직장 또는 자택의 주소, 전화번호가 적힌 이름표를 가방 안팎에 부착합니다.

- **중요사항 메모** : 여권, 항공권, 여행자 수표, 크레디트 카드, 운전면허증, 연락처 등의 중요사항은 반드시 적어 놓아, 만일의 사항에 대비합니다.

- **복장** : 여행지의 계절과 기온을 미리 알아보고 새옷을 장만하기보다 평소 입던 편안하고 다루기 쉬운 옷을 준비하도록 합니다. 여행할 때는 간편한 복장이 좋으나, 때와 장소에 맞는 복장을 갖추어 입어야 합니다.

- **예약** : 해외에 나가면 모든 일이 거의 예약을 통해 이루어지므로 식당, 공연장은 물론 교통편, 호텔, 상대방 방문시간도 미리 예약해 두어야 합니다. 그리고 항상 여행을 떠나기 전과 현지 도착 후 예약 재확인 절차를 잊지 않도록 합니다.

- **긴급사태와 안전** : 경찰은 전화 110번, 화재통보와 구급요청은 119번입니다. 의사나 응급조치가 필요할 때는 호텔이나 주위사람에게 도움을 청합니다. 일본은 범죄발생율이 낮은 편이지만 가능하면 동행자와 함께 다니는 것이 안전합니다.

Part VIII 전화

1. 전화 걸 때
2. 전화 받을 때
3. 부재중일 때
4. 메시지를 남길 때
5. 국제전화 걸 때
6. 기타

주요 표현 11

(1) _{다나까산노　　　오타꾸데스까}
田中さんの おたくですか。
다나카씨 댁입니까?

(2) _{다나까상　　　이랏샤이마스까}
田中さん いらっしゃいますか。
다나카씨 계십니까?

(3) _{도찌라사마데　　　이랏샤이마스까}
どちら様で いらっしゃいますか。
누구시지요?

(4) _{쇼-쇼- 오마찌　쿠다사이}
少々 おまち ください。
잠깐 기다려 주세요.

(5) _{모시모시　　다나까데　고자이마스}
もしもし、田中で ございます。
여보세요, 다나카입니다.

6
이마 루스데스
今 留守です。
지금 부재중입니다.

7
가이슈쯔시떼 이마스
外出して います。
외출중입니다.

8
이츠 오카에리니 나리마스까
いつ お帰りに なりますか。
언제 돌아오십니까?

9
마따 아또데 오이레시마스
また あとで お入れします。
나중에 다시 걸겠습니다.

10
오카에리니 나리시다이 뎅와 오네가이시마스
お帰りに なりしだい 電話 お願いします。
돌아오는 대로 전화해 주시길 부탁합니다.

11
치가이마스
ちがいます。
잘못 걸렸습니다.

1. 전화 걸 때

● 기본 표현

모시모시
Ⓐ **もしもし。**
여보세요.

모시모시 야마다상 이랏샤이마스까
Ⓑ **もしもし。山田さん、いらっしゃいますか。**
여보세요. 야마다씨 계십니까?

일본에서는 지하철 안에서의 휴대전화 사용이 사회문제로 제기되어, 현재 JR(일본의 전철)에서는 휴대폰 사용이 거의 금지되고 있습니다. 기본적인 질서를 지키고 다른 사람의 눈을 의식하는 일본인들의 정서에서 전철에서의 휴대폰 사용을 부끄럽게 여기는 마음을 엿볼 수 있습니다.

기본 어휘

■ 전화	電話	뎅와
■ 전화를 걸다	電話を掛ける	뎅와오 카께루
■ 전화번호	電話番号	뎅와방고-
■ 국	局	쿄꾸

제1부 Ⅷ. 전화

● 유용한 표현

○ **もしもし、山田さんと 通話が できますか。**
　모시모시　　야마다산또　　츠-와가　　데끼마스까

　여보세요, 야마다씨와 통화할 수 있을까요?

○ **もしもし、山田一夫さんを お願いします。**
　모시모시　　야마다 카즈오상오　　오네가이시마스

　여보세요, 야마다 가즈오씨를 바꿔 주시겠습니까?

○ **ジョンジン出版社です。何か ご用ですか。**
　정진슛빤샤데스　　　　　　　　　나니까 고요-데스까

　정진출판사입니다. 무슨 용무이신가요?

○ **パクさんを お願いします。**
　박상오　　　　　오네가이시마스

　박씨를 부탁드립니다.

○ **交換です。何を てつだいましょうか。**
　코-깐데스　　　나니오 테쯔다이마쇼-까

　교환입니다. 무엇을 도와드릴까요?

◢ 번	番	방
◢ 전화번호부	電話帳	뎅와쵸-
◢ 수화기	受話器	쥬와끼
◢ 여보세요	もしもし	모시모시

131

2. 전화 받을 때

기본 표현

ⓐ もしもし、涼子さん いますか。
모시모시 료-꼬상   이마스까
여보세요, 료코씨 있나요?

ⓑ はい、ちょっと 待って ください。
하이 촛또   맛떼 쿠다사이
예, 잠깐만 기다리세요.

 'ちょっと 待って ください(촛또 맛떼 쿠다사이)'는 전화상에서 '잠깐만 기다리세요'라는 뜻인데, 이 말보다 더 정중하게 표현할 때에는 '少々 お待ち ください(쇼-쇼- 오마찌 쿠다사이)'라고 하면 됩니다.

기본어휘

▰ 전화를 받다	電話に 出る	뎅와니 데루
▰ 계시다	いらっしゃる	이랏샤루
▰ 누구	どちら様	도찌라사마
▰ 연결하다	つなぐ	츠나구

제1부 Ⅷ. 전화

● 유용한 표현

_{와따시데스}
○ **わたしです。**
접니다.

_{도나따데스까}　　　_{도찌라사마데스까}
○ **どなたですか。/ どちらさまですか。**
누구십니까?

_{쇼-쇼- 오마찌 쿠다사이}
○ **少々 お待ち ください。**
잠시만 기다리세요.

_{야마다상}　　_{뎅와데스요}
○ **山田さん、電話ですよ。**
야마다씨, 전화 왔어요.

_{박상가}　　　_{츠-와시따이또}　_{잇떼}　_{이마스}
○ **パクさんが 通話したいと 言って います。**
박씨가 통화하고 싶답니다.

◢ 용건	用件	요-껭
◢ 잠시	少々	쇼-쇼-
◢ 혼선	混線	콘셍
◢ 공중전화	公衆電話	코-슈-뎅와

133

3. 부재중일 때

● 기본 표현

　　모시모시　　야마다상　　이랏샤이마스까
Ⓐ **もしもし、山田さん いらっしゃいますか。**
　　여보세요, 야마다씨 있나요?

　　스미마셍　　　카레와 타이샤시마시따
Ⓑ **すみません。彼は 退社しました。**
　　미안합니다. 그는 퇴근하셨습니다.

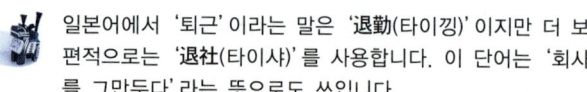

일본어에서 '퇴근' 이라는 말은 '**退勤**(타이낑)' 이지만 더 보편적으로는 '**退社**(타이샤)' 를 사용합니다. 이 단어는 '회사를 그만두다' 라는 뜻으로도 쓰입니다.

기본어휘

▰ 부재중	留守	루스
▰ 다시 걸다	掛け直す	카께나오스
▰ 외출	外出	가이슈쯔
▰ 자리를 비우다	席を 外す	세끼오 하즈스

제1부 Ⅷ. 전화

● 유용한 표현

쇼꾸지니 이키마시따
● **食事に 行きました。**

식사하러 갔습니다.

숫쵸-쮸-데스
● **出張中です。**

출장중입니다.

이마 세끼오 하즈시떼   오리마스가
● **今、席を はずして おりますが。**

지금 자리를 비웠는데요.

카제데   숫샤데끼마센데시따
● **風邪で 出社できませんでした。**

감기 때문에 출근하지 못했습니다.

스미마셍   이마 카이기쮸-데스가
● **すみません。今、会議中ですが。**

미안합니다. 지금 회의중입니다만.

▉ 통화중	通話中	츠-와쮸-
▉ 출장중	出張中	숫쵸-쮸-
▉ 회의중	会議中	카이기쮸-
▉ 퇴근	退勤	타이낑

135

4. 메시지를 남길 때

기본 표현

고지마데와 모도루또 오모이마스가 오코또즈께데모 아리마스까
Ⓐ **5時までは戻ると思いますが、おことづけでもありますか。**
5시까지 돌아올 겁니다. 메시지를 남기시겠습니까?

하이 오네가이시마스 뎅와시떼 쿠다사이또 오츠따에 쿠다사이
Ⓑ **はい、お願いします。電話してくださいとお伝えください。**
예, 부탁드리겠습니다. 전화해 달라고 전해 주세요.

'お伝えください(오츠따에 쿠다사이)'는 'お(ご와 함께 존경을 나타내는 접두어)+동사의 ます형+ください'의 꼴로 매우 정중하게 부탁하는 표현입니다.

기본어휘

■ 메시지	メッセージ	멧세-지
■ 전할 말	言付け	코또즈께
■ 메모	メモ	메모
■ 메모를 하다	メモを取る	메모오 토루

제1부 Ⅷ. 전화

● 유용한 표현

이-에　켁꼬-데스　　　아또데　마따　뎅와시마스
○ **いいえ、けっこうです。あとで また 電話します。**

아니요, 괜찮아요. 나중에 다시 전화하겠습니다.

이찌지깡　고　마따　뎅와시마스
○ **一時間 後、また 電話します。**

한 시간 후에 다시 전화하겠습니다.

하이　다나까 마사오까라 뎅와가　키따또　츠따에떼 쿠다사이
○ **はい、田中政男から 電話が 来たと 伝えて ください。**

예, 다나카 마사오한테서 전화가 왔다고 전해 주세요.

고고　마따　뎅와스루또　　오츠따에 쿠다사이
○ **午後 また 電話すると お伝え ください。**

오후에 다시 전화하겠다고 전해 주세요.

토-쿄-호떼루노 니햐꾸고고-시쯔니 토맛떼 이루또 오츠따에 쿠다사이
○ **東京 ホテルの 205号室に 泊まっていると お伝え ください。**

도쿄호텔 205호실에 묵고 있다고 전해 주십시오.

▰ 성함	お名前	오나마에
▰ 연락처	連絡先	렌라꾸사끼
▰ 전하다	伝える	츠따에루
▰ 행선지	行き先	유끼사끼

5. 국제전화 걸 때

●기본 표현

Ⓐ **コレクト コールで おねがいします。**
코레꾸또 코-루데 오네가이시마스
수신자부담으로 부탁드립니다.

Ⓑ **電話番号を おっしゃって ください。**
뎅와방고-오 옷샷떼 쿠다사이
전화번호를 말씀해 주십시오.

 'おっしゃる(옷샤류)'는 '言う(이우) 말하다'보다 정중한 표현이고, '言われる(이와레루)'라고도 할 수 있습니다.

기본 어휘

■ 국제전화	国際電話	콕사이뎅와
■ 지역번호	地域番号	치이끼방고-
■ 국가번호	国家番号	콕까방고-
■ 교환수	オペレーター	오페레-따-

제1부 Ⅷ. 전화

● 유용한 표현

캉꼬꾸노 오페레-따-오   오네가이시마스
● 韓国の オペレーターを おねがいします。

한국교환원을 부탁드립니다.

키라나이데   오마찌 쿠다사이
● 切らないで お待ち ください。

끊지 말고 기다리십시오.

오데니   나리마시따
● お出に なりました。

나오셨습니다.

도-조   오하나시 쿠다사이
● どうぞ お話し ください。

이야기하십시오.

캉꼬꾸마데 료-낑와 이쿠라 카까리마스까
● 韓国まで 料金は いくら かかりますか。

한국까지 요금이 얼마나 듭니까?

■ 콜렉트콜	コレクトコール	코레꾸또 코-루
■ 지명통화	指名通話	시메-쯔-와
■ 통화요금	通話料金	츠-와료-낑
■ 전화카드	テレフォンカード	테레혼 카-도

6. 기타

기본 표현

모시모시　　　료-꼬산또　　　하나시따인데스가
Ⓐ **もしもし、涼子さんと　話したいんですが。**
여보세요, 료코씨와 통화하고 싶은데요.

스미마셍　　　고꼬니와　소-　이우　나마에노 히또와 이마셍
Ⓑ **すみません。ここには　そう　いう　名前の　人は　いません。**
미안합니다. 여기에는 그런 이름을 가진 사람이 없습니다.

 '~が(가)'는 문장 사이에서 접속사로 사용되어 역접의 의미로 사용되지만, 여기서는 '~が' 다음을 표현하지 않고 상대방의 반응을 기다리는 느낌을 주고 있습니다. 이 문장을 완성해 보면 '~話したいんですが、交わして ください(하나시따인데스가 카와시떼 쿠다사이) 통화하고 싶은데 바꿔 주세요'가 될 수 있습니다.

기본어휘

■ 목소리	声	코에
■ 전화를 끊다	電話を 切る	뎅와오 키루
■ 큰소리	大声	오-고에
■ 다이얼	ダイヤル	다이야루

140　즉석 활용! 지름길 여행 일본어

제1부 Ⅷ. 전화

유용한 표현

타붕　다이야루오　　마찌가에타또　　오모이마스
○ **たぶん ダイヤルを 間違えたと 思います。**

　아마 다이얼을 잘못 누르셨을 겁니다.

가이슈쯔시떼루 아이다 뎅와 아리마시따까
○ **外出してる 間、電話 ありましたか。**

　외출한 동안 전화 온 것 있었나요?

스미마셍가　　　요꾸　키꼬에마셍
○ **すみませんが、よく 聞こえません。**

　미안하지만 잘 안 들립니다.

캉꼬꾸고노　데끼루　카따와 이랏샤이마셍까
○ **韓国語の できる 方は いらっしゃいませんか。**

　한국말 하시는 분 안 계십니까?

앗　　　마찌가에마시따　　스미마셍
○ **あっ、間違えました。すみません。**

　아, 잘못 걸었습니다. 죄송합니다.

◢ 시외전화	市外電話	시가이뎅와
◢ 시내전화	市内電話	시나이뎅와
◢ 핸드폰	けいたい	케이따이
◢ 잘못 걸다	間違える	마찌가에루

141

국제전화

 해외에서 국제전화를 걸 때 대부분 호텔 전화를 많이 사용하는데, 그것보다는 우체국이나 일반 공중전화를 이용하는 것이 요금이 쌉니다. 국제전화 통화방법의 종류는 다음과 같습니다.

- **Collect Call**(수신자 요금부담 통화) : 수신자가 요금을 지불하는 통화 방식으로 교환원이 요금 지불 승낙을 확인한 후 연결시켜 줍니다.
- **Person-to-Person Call**(지정 통화) : 상대방을 지정하여 통화하는 방식으로, 상대방과 연결될 때까지 요금이 계산되지 않습니다. 특정인과 통화하고자 할 때 이용하면 편리합니다.
- **Station-to-Station Call**(번호 통화) : 전화번호만을 지정하여 통화하는 방식으로 번호와 연결되기만 하면 요금이 계산됩니다. 가격이 저렴한 편입니다.
- **I.S.D**(국제 다이얼 통화) : 교환을 통하지 않고 직접 통화하는 방식으로 공중전화로도 가능하여 편리합니다. 사용방법은 ① 국제전화 식별번호(일본 001 또는 0041 또는 0061) ② 국가번호(한국 82) ③ 지역번호(서울 2) ④ 가입자번호 순입니다. 예) 001-82-2-275-1234(일본에서 서울로 거는 경우)
- **핸드폰** : 일본에서 본인의 핸드폰으로 국제전화를 할 경우에는 출국할 때 공항에서 로밍서비스를 받으면 됩니다. 로밍서비스는 편리하기는 하나 아직까지는 통화요금이 무척 비싼 편이고, 걸려온 전화를 받을 때에도 수신자부담입니다.

# 제 2 부

일상생활회화

Part I	소개와 인사
Part II	시간 · 요일 · 날짜 · 숫자
Part III	감정 표현
Part IV	의사 표현
Part V	일상의 기본 표현

Part I 소개와 인사

1. 자기를 소개할 때
2. 타인을 소개할 때
3. 안부를 물을 때
4. 오랜만에 만났을 때
5. 작별할 때
6. 안부를 전할 때

주요 표현 11

(1) 田中さんを ご紹介いたします。
    다나카상오　고쇼―까이이타시마스
다나카씨를 소개합니다.

(2) はじめまして。
    하지메마시떼
처음 뵙겠습니다.

(3) どうぞ よろしく お願いします。
    도―조　요로시꾸　오네가이시마스
잘 부탁합니다.

(4) お会い できて うれしいです。
    오아이　데키떼　우레시―데스
만나뵙게 되어서 반갑습니다.

(5) おはよう ございます。
    오하요―　고자이마스
안녕하세요?(아침인사)

제2부 Ⅰ. 소개와 인사

6 곤니찌와
こんにちは。
안녕하세요?(낮인사)

7 곰방와
こんばんは。
안녕하세요?(저녁인사)

8 히사시부리데스네
ひさしぶりですね。
오랜만입니다.

9 오겡끼데스까
お元気ですか。
건강하십니까?

10 오야스미나사이
お休みなさい。
안녕히 주무세요.

11 사요-나라
さようなら
안녕히 가세요.

1. 자기를 소개할 때

● 기본 표현

하지메마시떼   야마다데스
Ⓐ **はじめまして。山田です。**
처음 뵙겠습니다. 야마다입니다.

곤니찌와   타나까데스 오아이데키떼 우레시-데스   도-조 요로시꾸
Ⓑ **こんにちは。田中です。お会いできて うれしいです。どうぞ よろしく。**
안녕하세요. 다나카입니다. 만나서 반가워요. 잘 부탁드려요.

'はじめまして'는 '처음 뵙겠습니다'라는 뜻으로 상대방으로부터 누군가를 소개받았을 때에 쓰는 말입니다. 일반적으로 업무나 교제관계로 처음 소개받을 때에는 자신의 신분을 밝히고 명함을 주고받는 것이 예의입니다.

기본어휘

■ 소개하다	紹介する	쇼-까이스루
■ 만나뵙다	お目に かかる	오메니 카까루
■ 이름	名前	나마에
■ 악수	握手	아꾸슈

유용한 표현

はじめまして。広末涼子です。
하지메마시떼. 히로스에 료-코데스

처음 뵙겠습니다. 히로스에 료코입니다.

わたしの 名前は 田中政男です。こんど 引っ越して きました。
와따시노 나마에와 다나까 마사오데스 콘도 힛코시떼 키마시따

내 이름은 다나카 마사오입니다. 이번에 새로 이사왔습니다.

わたしは 山田一夫です。かずと 呼ばれて います。
와따시와 야마다 카즈오데스 카즈또 요바레떼 이마스

나는 야마다 가즈오입니다. 가즈라고 부릅니다.

かずと 呼んで ください。
카즈또 욘데 쿠다사이

가즈라고 불러 주세요.

お名前は 何と おっしゃいましたか。
오나마에와 난또 옷샤이마시따까

이름이 뭐라고 하셨죠?

◢ 이분	こちら	고찌라
◢ 명함	名刺	메-시
◢ 아는 사이	知り合い	시리아이
◢ 회사 동료	会社の 同僚	카이샤노 도-료-

2. 타인을 소개할 때

● 기본 표현

야마다상오   고쇼-까이시마스
Ⓐ **山田さんを ご紹介します。**
야마다씨를 소개할게요.

하지메마시떼   야마다데스
Ⓑ **はじめまして。山田です。**
처음 뵙겠습니다. 야마다입니다.

 친구끼리나 아랫사람에게 자기 소개를 할 경우에는 '～です(～데스)'를 사용하는 것이 일반적이지만 격식을 차려야 하는 경우나 사회인들 사이에서는 '～と申します(～또 모-시마스)'를 사용하는 경우가 많습니다.

기본 어휘

■ 친구	友だち	토모다찌
■ 동료	同僚	도-료-
■ 선배	先輩	셈빠이
■ 후배	後輩	코-하이

유용한 표현

야마다상　싯떼루
- **山田さん、知ってる？**

  야마다씨를 알아요?

고찌라와　야마다산데스　야마다상　다나까상오　고쇼-까이시마스
- **こちらは 山田さんです。山田さん、田中さんを ご紹介します。**

  이쪽은 야마다씨입니다. 야마다씨, 다나카씨를 소개할게요.

다나까상　고찌라와　야마다산데스
- **田中さん、こちらは 山田さんです。**

  다나카씨, 이분은 야마다씨입니다.

오아이데키떼　우레시-데스　도-조　요로시꾸
- **お会いできて うれしいです。どうぞ よろしく。**

  만나서 반갑습니다. 잘 부탁드리겠습니다.

야마다산니　앗따　코또가　아리마스까
- **山田さんに 会った ことが ありますか。**

  야마다씨를 만난 적이 있나요?

■ 동창생	同窓生	도-소-세-
■ 상사	上司	죠-시
■ 부하	部下	부카
■ 남편	主人	슈징

151

3. 안부를 물을 때

기본 표현

오겡끼데스까
Ⓐ **お元気ですか。**
어떻게 지내세요?

하이 오카게사마데 겡끼데스 아나따와
Ⓑ **はい、おかげさまで、元気です。あなたは?**
예, 덕분에 잘 지내요. 당신은요?

'お元気ですか(오겡끼데스까)'는 '어떻게 지내세요?, 안녕하세요?'라는 뜻으로 상대방의 건강이나 안부를 물을 때 사용하는 표현입니다.

기본 어휘

▷가족 관련 어휘

[명칭]	[나의 가족]	[남의 가족]
■ 할아버지	祖父(소후)	おじいさん(오지-상)
■ 할머니	祖母(소보)	おばあさん(오바-상)

제2부 Ⅰ. 소개와 인사

유용한 표현

곤니찌와
- **こんにちは。**

  안녕하세요?(낮 인사)

오하요- 고자이마스 콤방와
- **おはよう ございます。/ こんばんは。**

  안녕하세요?(아침 인사)/안녕하세요?(저녁 인사)

이-와요   웅   우마꾸   얏떼루
- **いいわよ。/ うん、うまく やってる。**

  아주 좋아.

마-마-데스
- **まあまあです。**

  그저 그래요.

나니까 오카와리와   아리마셍까
- **何か、おかわりは ありませんか。**

  뭐 변함 없으세요?

▰ 아버지	父(치찌)	おとうさん(오또-상)
▰ 어머니	母(하하)	おかあさん(오까-상)
▰ 오빠, 형	兄(아니)	おにいさん(오니-상)
▰ 언니, 누나	姉(아네)	おねえさん(오네-상)

153

4. 오랜만에 만났을 때

●기본 표현

오히사시부리데스
Ⓐ **おひさしぶりです。**
오랜만이에요.

고부사따시마시따　　　　오겡끼데시따까
Ⓑ **ごぶさたしました。お元気でしたか。**
오랫동안 소식을 전하지 못했습니다. 어떻게 지내셨나요?

 'おひさしぶりです(오히사시부리데스)'는 '오랜만이에요'의 뜻으로 오랜만에 만났을 때 하는 인사말입니다. 같은 표현으로 'しばらくでした(시바라꾸데시따)'가 있습니다.

기본어휘

[명칭]	[나의 가족]	[남의 가족]
◢ 남동생	弟(오또-또)	おとうとさん(오또-또상)
◢ 여동생	妹(이모-또)	いもうとさん(이모-또상)
◢ 아저씨	おじ(오지)	おじさん(오지상)

제2부 Ⅰ. 소개와 인사

유용한 표현

고부사따시떼　　오리마스
○ ごぶさたして おります。
오랫동안 소식을 전하지 못했습니다.

도꼬니　　이랏샷딴데스까
○ どこに いらっしゃったんですか。
어디에 계셨습니까?

고카조꾸노　미나삼모　　오겡끼데스까
○ ご家族の みなさんも お元気ですか。
가족들도 잘 지내요?

민나　겡끼데　얏떼　이마스
○ みんな 元気で やって います。
모두 잘 지냅니다.

료-꼬상　　신지란나이　안따　스꼬시 카와리마시따네
○ 涼子さん?信じらんない。あんた、少し 変わりましたね。
료코? 믿어지지 않는데. 너 조금 변했구나.

■ 아주머니	おば(오바)	おばさん(오바상)
■ 아들	息子(무스꼬)	むすこさん(무스꼬상)
■ 딸	娘(무스메)	おじょうさん/むすめさん(오죠-상/무스메상)
■ 자식	子供(코도모)	おこさん(오꼬상)

5. 작별할 때

● 기본 표현

사요-나라　　마따　아시따
Ⓐ **さようなら。また、あした。**
안녕, 내일 봐요.

마따네　　오야스미나사이
Ⓑ **またね。おやすみなさい。**
내일 봐요. 잘 가요.

'また、あした(마따 아시따)'는 '내일 다시 만나자'로 뒤에 '만나자'라는 말이 생략된 형태입니다. 'おやすみなさい(오야스미나사이)'는 '안녕히 주무세요'라는 뜻이지만, 여기서는 헤어질 때의 인사로 쓰였습니다.

기본어휘

[명칭]	[나의 가족]	[남의 가족]
■ 부인	家内／妻 (카나이/츠마)	おくさん (옥상)
■ 남편	主人／夫 (슈징/옷또)	ごしゅじん (고슈징)

제2부 Ⅰ. 소개와 인사

● 유용한 표현

오사끼니 시쯔레-시마스
○ **お先に 失礼します。**
먼저 실례하겠습니다.

카에라나꾸챠
○ **帰らなくちゃ。**
가야 해.

뎅와시떼네
○ **電話してね。**
전화해.

사요-나라　　타노시깟따요
○ **さようなら。楽しかったよ。**
잘 가. 즐거웠어.

키오　츠께데
○ **気を つけて。**
조심해서 잘 가.

▰ 가족	家族	카조꾸
▰ 부모	親	오야
▰ 형제	兄弟	쿄-다이
▰ 자매	姉妹	시마이

6. 안부를 전할 때

기본 표현

_{콘도} _{앗따라} _{야마다산니} _{요로시꾸또} _{잇떼} _{쿠다사이}
Ⓐ こんど 会ったら、山田さんに よろしくと 言って ください。
다음에 만나면 야마다씨에게 안부를 전한다고 해주세요.

_{하이} _{와카리마시따}
Ⓑ はい、わかりました。
그럴게요.

 '~さんに よろしく(~산니 요로시꾸)'는 '~에게 안부 전해 주세요'로 뒤에 '伝えて ください(츠따에떼 쿠다사이) 전해 주세요'가 생략된 형태입니다.

기본어휘

■ 인사	挨拶	아이사쯔
■ 네	はい	하이
■ 아니오	いいえ	이-에
■ ~씨	~さん	~상

제2부 I. 소개와 인사

● 유용한 표현

카레와 코노고로 도-데스까
○ **彼は このごろ どうですか。**
그는 요즘 어떻게 지냅니까?

카와리니 요로시꾸네
○ **かわりに よろしくね。**
나 대신에 안부를 전해 주세요.

이츠모 오보에떼 이루또 츠타에떼 쿠다사이
○ **いつも 覚えて いると 伝えて ください。**
언제나 기억하고 있다고 전해 주세요.

고카조꾸니 요로시꾸
○ **ご家族に よろしく。**
당신 가족에게 안부를 전해 주세요.

오카-산니 요로시꾸
○ **お母さんに よろしく。**
당신 어머니에게 안부를 전해 주세요.

◢ 건강	元気	겡끼
◢ 나, 저	わたし	와따시
◢ 당신	あなた	아나따
◢ 전송하다	見送る	미오꾸루

159

マナー(매너)

일본인들은 사람을 만났을 때 한국인만큼은 악수를 자주 하는 편이 아닙니다. 그러나 만약 악수를 하게 되는 경우 손윗사람이 손을 먼저 내밀지 않는 한 먼저 손을 내밀어 악수를 청하지 않는 것이 좋습니다. 여성과의 악수 역시 상대가 요구할 때까지 손을 내밀지 않습니다. 그리고 사람을 처음 만나 명함을 주고받을 때는 오른손으로 주고 양손으로 받는 것이 좋으며 받아놓은 상대방의 명함을 탁자 위에 건성으로 올려놓는다거나 명함에 이것저것 써넣는다면 결례가 됩니다.

음식을 먹을 때에는 그릇을 왼손으로 받쳐들어 입에 가까이 대고 먹습니다. 우리나라에서와 같이 밥상 위에 그릇을 올려놓은 채로 고개를 숙여 음식을 먹으면 일본인들은 '개가 먹는 모습과 같다'고 생각합니다. 또한 일본인들은 같이 섞어먹는 것에 대해서 상당히 민감한 편입니다. 여럿이서 같이 먹는 음식을 덜어먹을 때에는 개인용 작은 접시에다가 젓가락 반대편으로 덜어서 먹거나 그렇지 않은 경우 덜어먹는 젓가락이 따로 놓여져 있습니다.

젓가락에서 젓가락으로 음식을 주고받는 것 또한 실례입니다. 일본에서는 죽은 사람의 유골을 화장해서 추릴 때 두 사람이 젓가락으로 같이 집기 때문입니다.

Part II 시간·요일·날짜·숫자

1. 시간을 말할 때
2. 요일을 말할 때
3. 날짜를 말할 때
4. 숫자를 말할 때

주요 표현 11

1. 쿄-와　낭가쯔 난니찌데스까
   今日は 何月 何日ですか。
   오늘은 몇 월 며칠입니까?

2. 쿄-와　하찌가쯔 쥬-고니찌데스
   今日は 8月 15日です。
   오늘은 8월 15일입니다.

3. 쿄-와　나니요-비데스까
   今日は 何曜日ですか。
   오늘은 무슨 요일입니까?

4. 쿄-와　도요-비데스
   今日は 土曜日です。
   오늘은 토요일입니다.

5. 콩게쯔와 낭가쯔데스까
   今月は 何月ですか。
   이 달은 몇 월입니까?

(6)
콩게쯔와 시가쯔데스
今月は 四月です。
이 달은 4월입니다.

(7)
코또시와 난넨데스까
今年は 何年ですか。
올해는 몇 년입니까?

(8)
코또시와 세-레끼 니셍요넨데스
今年は 西暦 2004年です。
금년은 서기 2004년입니다.

(9)
이마 난지데스까
今 何時ですか。
지금 몇 시입니까?

(10)
쿠지 고훙 마에데스
九時 五分 前です。
9시 5분 전입니다.

(11)
쵸-도 쥬-니지데스
ちょうど 十二時です。
12시 정각입니다.

1. 시간을 말할 때

●기본 표현

A 今 何時ですか。
이마 난지데스까
지금 몇 시입니까?

B 12時です。
쥬-니지데스
12시입니다.

 시를 말할 때는 '숫자+時(지)'를 붙여 만듭니다. 분을 말할 때는 '숫자+分(훈)'을 붙여 만들지만 '一分(입뿐), 三分(삼뿐), 四分(욤뿐), 六分(롭뿐), 十分(쥽뿐)'에서는 '分'의 발음이 바뀌게 됩니다.

기본어휘

■ 시	時	지
■ 시간	時間	지깡
■ 몇 시	何時	난지
■ 정각	ちょうど	쵸-도

유용한 표현

이마 남뿐데스까
○ **今 何分ですか。**
지금 몇 분입니까?

고고 이찌지한데스
○ **午後 一時半です。**
오후 1시 반입니다.

이찌지 산줍뿐데스
○ **一時 30分です。**
1시 30분입니다.

모우 스꼬시 시따라 고지데스
○ **もう 少し したら 5時です。**
조금 있으면 5시입니다.

요지 고훔마에데스
○ **4時 5分前です。**
4시 5분 전입니다.

◢ 분	分	훈
◢ 반, 30분	半／三十分	항/산줍뿡
◢ 9시 5분 전	九時五分前	쿠지고훔마에
◢ 몇 분	何分	남뽕

2. 요일을 말할 때

●기본 표현

쿄-와 나니요-비데스까
Ⓐ **今日は 何曜日ですか。**
오늘이 무슨 요일이지요?

카요-비쟈 나이데스까
Ⓑ **火曜日じゃ ないですか。**
화요일 아닌가요?

 '~は ~です(~와 ~데스)'는 '~은[는] ~입니다'의 뜻이며, '~では ありません(~데와 아리마셍)'은 '~です(~데스)'의 부정 표현입니다. 'じゃ ありません(~쟈 아리마셍)'은 회화할 때 많이 사용하는 표현입니다.

기본어휘

월요일	月曜日	게쯔요-비
화요일	火曜日	카요-비
수요일	水曜日	스이요-비
목요일	木曜日	모쿠요-비

유용한 표현

라이게쯔 렝뀨-가 잇슈-깡 아리마스
◎ **来月 連休が 一週間 あります。**
다음달 연휴가 일주일간 있습니다.

센슈-노 모꾸요-비 토모다찌니 아이마시따
◎ **先週の 木曜日、友だちに 会いました。**
지난주 목요일 친구를 만났습니다.

콘슈-노 킹요-비와 니쥬-시찌니찌데스
◎ **今週の 金曜日は 27日です。**
이번주 금요일은 27일입니다.

라이슈-노 니찌요-비마데 츠즈끼마스
◎ **来週の 日曜日まで 続きます。**
다음주 일요일까지 계속됩니다.

사라이슈-마데니 오와라세떼 쿠다사이
◎ **再来週までに 終わらせて ください。**
다다음주까지 끝내 주세요.

◼ 금요일	**金曜日**	킹요-비
◼ 토요일	**土曜日**	도요-비
◼ 일요일	**日曜日**	니찌요-비
◼ 무슨 요일	**何曜日**	나니요-비

3. 날짜를 말할 때

●기본 표현

쿄-와 난니찌데스까
Ⓐ **今日は 何日ですか。**
오늘은 며칠입니까?

니쥬-산니찌데스
Ⓑ **23日です。**
23일입니다.

 날짜는 '숫자+日(니찌)'를 붙입니다. '一日(츠이따찌), 二日(후쯔카), 三日(믹까), 四日(욕까), 五日(이츠까), 六日(무이까), 七日(나노까), 八日(요-까), 九日(고꼬노까), 十日(토-까), 二十日(하쯔까)'라고 읽습니다.

기본어휘

■ 날짜	日付	히즈께
■ 오늘	今日	쿄-
■ 내일	明日	아시따
■ 모레	明後日	아삿떼

제2부 Ⅱ. 시간 · 요일 · 날짜 · 숫자

● 유용한 표현

믹까마에니 키마시따
○ **3日前に 来ました。**
3일 전에 왔습니다.

난니찌니 카에라레마스까   오카에리니   나리마스까
○ **何日に 帰られますか。／お帰りに なりますか。**
며칠날 돌아가세요?

하쯔까니 카에리마스
○ **20日に 帰ります。**
20일날 돌아갑니다.

욕까칸다께   이루   츠모리데스
○ **4日間だけ いる つもりです。**
4일 동안만 있으려고 합니다.

고가쯔 니쥬-쿠니찌마데니 카이또-오 쿠다사이
○ **5月 29日までに 回答を ください。**
5월 29일까지 회답을 주시기 바랍니다.

◢ 어제	昨日	키노-
◢ 그저께	おととい	오또또이
◢ 매일	毎日	마이니찌
◢ 몇 월 며칠	何月何日	낭가쯔 난니찌

4. 숫자를 말할 때

숫자	한자/히라가나	발음
1/하나	一／一つ	이찌/히또쯔
2/둘	二／二つ	니/후따쯔
3/셋	三／三つ	상/밋쯔
4/넷	四／四つ	시, 용/욧쯔
5/다섯	五／五つ	고/이쯔쯔
6/여섯	六／六つ	로꾸/뭇쯔
7/일곱	七／七つ	시찌, 나나/나나쯔
8/여덟	八／八つ	하찌/얏쯔
9/아홉	九／九つ	쿠, 큐-/고꼬노쯔
10/열	十／とお	쥬-/토-
11	十一	쥬-이찌
12	十二	쥬-니
13	十三	쥬-상
14	十四	쥬-용
15	十五	쥬-고
20	二十	니쥬-
30	三十	산쥬-
40	四十	욘쥬-

50	五十	고쥬-
60	六十	로꾸쥬-
70	七十	나나쥬-
80	八十	하찌쥬-
90	九十	큐-쥬-
100	百	햐꾸
200	二百	니햐꾸
300	三百	삼뱌꾸
400	四百	용햐꾸
500	五百	고햐꾸
600	六百	롭뺘꾸
700	七百	나나햐꾸
800	八百	합뺘꾸
900	九百	큐-햐꾸
1,000	千	셍
10,000	一万	이찌망
100,000,000	一億	이찌오꾸
수, 숫자	数	카즈

일본의 이해

- **자연·인구** : 일본은 아시아 대륙의 동쪽 끝에 있는 섬나라로, 혼슈(本州), 홋카이도(北海道), 시코쿠(四国), 큐슈(九州)의 주요 섬 4개와 4천여 개의 작은 섬들이 일본열도(列島)를 구성하고 있습니다. 일본의 총면적은 377,728㎢로 한반도의 면적보다 약 1.7배가 크며, 높은 산과 톱니 모양의 많은 만(灣)으로 이루어진 해안선, 산속에 자리잡고 있는 많은 호수 등으로 경관이 아름다워 동양에 대한 새로운 관심과 함께 세계 각국에서 많은 관광객이 모여듭니다. 총면적의 75%를 차지하는 산들은 대부분 화산으로 이루어졌으며, 그중 몇몇 화산은 아직도 활동하고 있어 많은 온천이 전국에 산재해 있습니다. 인구는 산업이 큰 도시에 치중되어 있어 도시집중화가 심합니다. 큰 도시는 수도 도쿄(東京)를 비롯하여 오사카(大阪), 요코하마(横浜), 나고야(名古屋), 고베(神戸), 후쿠오카(福岡) 외에 교토(京都), 기타큐슈(北九州) 등입니다.
- **기후** : 일본은 북반부 온대지방으로 기후는 비교적 온화한 편입니다. 그러나 일본이 남북 3천㎞에 걸쳐서 놓여 있다는 점과 섬나라라는 점에서 지역에 따른 기후차는 매우 큽니다. 일본은 우리나라처럼 춘하추동 사계절이 뚜렷한데, 겨울이 비교적 짧고 여름이 긴 편입니다. 6월 초·중순에는 장마가 시작되어 7월 중순까지 계속됩니다. 겨울은 홋카이도와 산간지방 이외는 극심한 추위가 없는 편입니다.

Part III 감정 표현

1. 기쁠 때
2. 좋지 않을 때
3. 화날 때
4. 실망스러울 때
5. 놀랐을 때
6. 고마움을 나타낼 때
7. 감사 표시에 대한 대답
8. 사과할 때
9. 사과 표시에 대한 대답

주요 표현 11

1 아리가또-고자이마스
ありがとうございます。
감사합니다.

2 오츠까레사마데시따
おつかれさまでした。
수고하셨습니다.

3 고찌라꼬소
こちらこそ。
저야말로.

4 도-이타시마시떼
どういたしまして
별말씀을.

5 스미마셍
すみません。
죄송합니다.

제2부 Ⅲ. 감정 표현

(6) 코꼬로까라 오이와이 모-시아게마스
心から お祝い 申し上げます。
진심으로 축하드립니다.

(7) 잔넨데스네
ざんねんですね。
그것 참 유감이군요.

(8) 감밧떼　　　쿠다사이
がんばって ください。
힘내세요.

(9) 스바라시-데스네
すばらしいですね。
훌륭하네요.

(10) 혼또-니　　이야데스네
ほんとうに いやですね。
정말 싫어요.

(11) 도떼모　　우레시-데스
とても うれしいです。
너무 너무 기뻐요.

1. 기쁠 때

기본 표현

ⓐ **あなた、試験に 合格したんですね。**
　　아나따　시껜니　고-카꾸시딴데스네

　당신 시험에 합격했군요!

ⓑ **はい、ほんとうに うれしいです。**
　　하이　혼또-니　우레시-데스

　예, 정말 기뻐요!

일본에서는 오늘날 우리나라와 마찬가지로 젊은이들 사이에 사전에 나오지 않는 신조어가 많이 생기고 있습니다. 이 신조어는 일부의 우려에도 불구하고 쇼프로나 TV 방송에서 빈번하게 사용되고 있습니다. 한 예를 들면, 'ほんとうに(혼또-니) 정말' 대신에 'マジ(마지)'라는 말이 더 자주 사용되고 있습니다.

기본어휘

▰ 기쁘다	うれしい	우레시-
▰ 유쾌하다	愉快だ	유까이다
▰ 행복하다	幸福だ／幸せだ	코-후꾸다/시아와세다
▰ 즐겁다	楽しい	타노시-

제2부 Ⅲ. 감정 표현

● 유용한 표현

혼또-니　　요깟따데스네
● ほんとうに よかったですね。
정말 잘됐어요.

우레시-데스
● うれしいです。
기쁩니다.

요깟따
● よかった。
잘됐다.

우레시쿠떼　나니오 잇떼　이-까　와카리마셍
● うれしくて 何を いって いいか 分かりません。
매우 기뻐서 무슨 말을 해야 할지 모르겠어요.

오메데또-　고자이마스
● おめでとう ございます。
축하합니다.

◢ 좋아하다	好きだ	스끼다
◢ 만족하다	満足する	만조꾸스루
◢ 매우 좋아함	大好き	다이스키
◢ 가슴이 설레다	ときめく	토끼메꾸

177

2. 좋지 않을 때

●기본 표현

<small>와따시노　아니와　싯쇼꾸니　낫쨩 딴데스</small>
Ⓐ **わたしの 兄は 失職に なっちゃったんです。**
내 형이 직업을 잃었어요.

<small>오키노도쿠니</small>
Ⓑ **お気の毒に。**
정말 안됐어요.

'~ちゃったんです(~쨩딴데스)'는 '~해 버렸다'라는 뜻으로 '~てしまったんです(~떼 시맛딴데스)'의 회화체 표현입니다. 여기서 'ん'은 회화체에 사용되는 의미 없는 단어로, 문장을 강조해 줄 뿐 생략되어도 무방합니다.

기본어휘

▰ 슬프다	悲しい	카나시-
▰ 불쾌하다	不愉快だ	후유까이다
▰ 불쌍하다	かわいそうだ	카와이소-다
▰ 싫다	嫌だ	이야다

제2부 Ⅲ. 감정 표현

● 유용한 표현

오키노도쿠데스네
○ **お気の毒ですね。**

정말 안됐네요.

혼또-니　　　잔넨데스네
○ **ほんとうに 残念ですね。**

정말 유감이군요.

카나시쿠떼　나키따이　쿠라이데스
○ **悲しくて、泣きたい くらいです。**

슬퍼서 울고 싶을 정도에요.

사비시-데스네
○ **寂しいですね。**

우울해요.

기모찌 와루이데스
○ **気持 悪いです。**

기분이 안 좋아요.

■ 유감이다	残念だ	잔넨다
■ 괴롭다	辛い／苦しい	츠라이／쿠루시-
■ 재미없다	つまらない	츠마라나이
■ 따분하다	退屈だ	타이쿠쯔다

3. 화날 때

기본 표현

<small>이마이마시소-데스가　　　　나니까 아리마시따까</small>
Ⓐ **いまいましそうですが、何か ありましたか。**
화나 보이는데 무슨 일이 있어요?

<small>다나까가 마따 치코꾸데스요 카레니와 혼또-니　오콧챠우와요</small>
Ⓑ **田中が また 遅刻ですよ。彼には ほんとうに 怒っちゃうわよ。**
다나카가 또 늦어요! 그에게 정말 화가 나요.

'いまいましそうです(이마이마시소-데스) 화난 것 같습니다'
에서 'そう'는 '~ㄹ 것 같음, ~모양임'이라는 뜻입니다. 동
사의 연용형, 형용사의 어간에 'そう'를 붙여 만듭니다.

기본 어휘

■ 화가 나다	腹が 立つ	하라가 타쯔
■ 흥분하다	興奮する	코-훈스루
■ 짜증이 나다	いらいらする	이라이라스루
■ 참을 수 없다	たまらない	타마라나이

제2부 Ⅲ. 감정 표현

● 유용한 표현

토나리노　히또타찌와　이츠모　와따시오　무까무까사세루노요
● **となりの 人たちは いつも わたしを ムカムカさせるのよ。**
옆집 사람들은 항상 나를 화나게 해요.

다나까니와　혼또-니　오콧챠우와요
● **田中には ほんとうに 怒っちゃうわよ。**
다나카에게 정말 화가 나요.

가망스루니모　호도가　아루
● **我慢するにも ほどが ある。**
참는 것도 한계가 있어요.

고레　이죠-와　가만데끼마셍
● **これ 以上は 我慢できません。**
더 이상 참을 수가 없어요.

다레까니　오콧떼　이마스네
● **だれかに 怒って いますね。**
누군가에게 화가 나 있군요.

▰ 원망하다	恨む	우라무
▰ 분하다	悔しい	쿠야시-
▰ 두렵다	恐ろしい／恐い	오소로시-／코와이
▰ 납득할 수가 없다	納得できない	낫또꾸 데끼나이

4. 실망스러울 때

●기본 표현

에−가와   도−데시따까
ⓐ **映画は どうでしたか。**
영화 어땠어요.

에−   토떼모   요깟따데스요
ⓑ **ええ、とても よかったですよ。**
예, 매우 좋았습니다.

 문장을 완성할 때 종조사를 붙여 말하는 경우가 많은데, 대표적인 종조사로는 'ね(네), わ(와), よ(요)'가 있습니다. 'ね(네)'는 상대에게 동의를 구하거나, 다짐하는 데 쓰이고, 'わ(와)'는 가벼운 영탄, 감동의 뜻을 나타내며, 'よ(요)'는 가벼운 감동, 단념의 기분을 나타냅니다.

기본어휘

▰ 실망하다	がっかりする	각까리스루
▰ 유치하다	幼い	오사나이
▰ 째째하다	けちだ	케찌다
▰ 이상하다	おかしい	오카시−

제2부 Ⅲ. 감정 표현

● 유용한 표현

각까리데스네
● **がっかりですね。**
실망스러워요.

만조꾸데끼마센데시따
● **満足できませんでした。**
만족스럽지 않았어요.

혼또-니 이야데스네
● **ほんとうに いやですね。**
정말 유감이네요.

카노죠니 시쯔보-시마시따
● **彼女に 失望しました。**
그녀에게 실망했어요.

소레와 각까리시마스와
● **それは、がっかりしますわ。**
실망스러운데.

◢ 불안하다	不安だ	후안다
◢ 뭔가 부족하다	物足りない	모노타리나이
◢ 곤란하다	困る	코마루
◢ 뻔뻔스럽다	図々しい	즈-즈-시-

5. 놀랐을 때

● 기본 표현

<u>고노 호떼루니 나카따가 도맛떼 이루노오 싯떼 이마스까</u>
Ⓐ **この ホテルに 中田が 泊っているのを 知っていますか。**
이 호텔에 나카타가 묵고 있는 것을 아세요?

<u>혼또-데스까 빅꾸리시마시따</u>
Ⓑ **ほんとうですか。びっくりしました。**
정말입니까? 놀라운데요.

 'びっくり(빅꾸리)'는 깜짝 놀란 모양을 나타내는 의태어입니다. 뚜껑을 열면 인형이 튀어나와서 받는 사람이 놀라는 상자를 'びっくり箱(빅꾸리바코)'라고 합니다.

기본어휘

놀라다	驚く	오도로꾸
감동하다	感動する	칸도-스루
감탄을 하다	舌を巻く	시타오 마꾸
굉장하다	すごい	스고이

제2부 Ⅲ. 감정 표현

● 유용한 표현

_{시맛따}
○ **しまった。**
아뿔사.

_{혼또-니　　　　오도로끼마시따}
○ **ほんとうに 驚きました。**
정말 놀랍군요.

_{죠-단데쇼-}
○ **冗談でしょう。**
농담하는 거죠?

_{혼또-니}
○ **ほんとうに?**
정말이에요?

_{난데슷떼　　　　신지라레마셍네}
○ **何ですって? 信じられませんね。**
뭐라고요? 믿을 수가 없네요.

◢ 당황하다	慌てる	아와테루
◢ 대단하다	偉い	에라이
◢ 큰일이다	大変だ	타이헨다
◢ 현저하다	著しい	이치지루시-

6. 고마움을 나타낼 때

● 기본 표현

타이뿌오　웃떼　아게마쇼-까
Ⓐ **タイプを 打って あげましょうか。**
타이프를 쳐 드릴까요?

도-모　스미마셍
Ⓑ **どうも すみません。**
대단히 감사합니다.

'どうも すみません(도-모 스미마셍)'은 원래 '대단히 죄송합니다' 라는 뜻이지만, 여기서는 상대에게 번거로움을 끼친 것에 대해 '미안하다'는 의미의 'すみません'을 사용하여 '대단히 감사합니다' 라는 뜻으로 쓰였습니다.

기본어휘

▰ 마음에 들다	気に入る	키니 이루
▰ 바라다	望む	노조무
▰ 사랑받다	愛される	아이사레루
▰ 진심이다	本気だ	홍끼다

제2부 Ⅲ. 감정 표현

● 유용한 표현

도-모　아리가또-
○ **どうも ありがとう。**
매우 고마워요.

고신세쯔니　도-모　아리가또-고자이마스
○ **ご親切に どうも ありがとうございます。**
당신의 친절에 감사 드립니다.

칸게-시떼　쿠다삿떼　도-모　아리가또-고자이마스
○ **歓迎して くださって どうも ありがとうございます。**
환영해 주셔서 감사합니다.

도-　잇떼　칸샤스루까　와카리마셍
○ **どう 言って 感謝するか 分かりません。**
어떻게 감사 드려야 할지 모르겠습니다.

코꼬로까라 칸샤이따시마스
○ **心から 感謝いたします。**
진심으로 감사드립니다.

◢ 친절하다	親切だ	신세쯔다
◢ 도움이 되다	助かる	타스까루
◢ 감사	感謝	칸샤
◢ 신세	世話	세와

7. 감사 표시에 대한 대답

●기본 표현

아리가또-　　고신세쯔니
Ⓐ **ありがとう。ご親切に。**
고마워요. 매우 친절하시군요.

이-에　　도-이타시마시떼
Ⓑ **いいえ、どういたしまして。**
천만에요.

'ありがとう(아리가또-)'는 친한 사이에 가볍게 '고마워'라고 할 때 쓰는 말입니다. 예의를 갖춰 말해야 하는 상대의 경우에는 'ありがとうございます(아리가또-고자이마스)'라고 해야 합니다.

기본 어휘

▰ 고마워요	ありがとう	아리가또-
▰ 천만에요	どういたしまして	도-이타시마시떼
▰ 괜찮아요	結構です	켁꼬-데스
▰ 당치도 않다	とんでもない	톤데모나이

제2부 Ⅲ. 감정 표현

● 유용한 표현

도- 이타시마시떼 톤데모 아리마셍
◎ **どう いたしまして。/ とんでも ありません。**

천만에요.

요로꼰데 얏딴다까라
◎ **喜んで やったんだから。**

내가 좋아서 한 겁니다.

야꾸니 탓떼 우레시-데스
◎ **役に 立って うれしいです。**

도움이 되어서 기뻐요.

이쯔데모 테쯔다이마스까라 도-조
◎ **いつでも 手伝いますから。どうぞ。**

언제든지 도와 줄게요.

와따시니 데키떼 우레시-와
◎ **私に できて うれしいわ。**

내가 도울 수 있어서 기뻐요.

▰ ~덕분에	お陰様で	오카게사마데
▰ 겨우, 단지	たった	탓따
▰ 전혀, 전연	まったく／全然	맛따꾸/젠젠
▰ 조금도	ちっとも	칫또모

8. 사과할 때

● 기본 표현

ⓐ **ハクショウ。すみません。**
　　하꾸쇼-　　　스미마셍
엣취! 미안합니다.

ⓑ **お大事に。**
　　오다이지니
몸조심하세요.

 'お大事に(오다이지니)'는 문병을 갔다가 돌아갈 때 쓰는 말로, 여기서는 재채기한 사람이 감기에 걸린 것으로 간주하고 하는 인사말입니다.

기본 어휘

▪ 미안해요	すみません	스미마셍
▪ 죄송해요	ごめんなさい	고멘나사이
▪ 용서하십시오	ゆるして ください	유루시떼 쿠다사이
▪ 걱정이 되다	気に なる	키니 나루

제2부 Ⅲ. 감정 표현

● 유용한 표현

도-모　스미마셍
○ **どうも すみません。**

대단히 미안합니다.

모-시와께　고자이마셍
○ **もうしわけ ございません。**

죄송합니다.

고멘나사이　시리마셍데시따
○ **ごめんなさい。知りませんでした。**

정말 미안합니다. 그것을 미처 몰랐습니다.

와따시타찌노 기넨비오　와스레떼　고멘나사이
○ **私たちの 記念日を 忘れて ごめんなさい。**

우리의 기념일을 잊어버려서 미안해요.

아나따니　사껜데　스미마셍
○ **あなたに 叫んで すみません。**

당신에게 소리쳐서 미안해요.

◢ 걱정하다	**心配する**	심빠이스루
◢ 마음에 걸림	**気掛かり**	키가까리
◢ 부끄럽다	**恥ずかしい**	하즈까시-
◢ 본심	**本音**	혼네

191

9. 사과 표시에 대한 대답

기본 표현

유-베　파-티-데와　　　시쯔레이시마시따　도-모 스미마셍
Ⓐ **夕べ、パーティーでは 失礼しました。どうも すみません。**
어젯밤 파티에서 실례했습니다. 정말 미안합니다.

이-에　　이쯔모　　아루　　코또데스까라
Ⓑ **いいえ、いつも ある ことですから。**
아니에요, 흔히 일어나는 일인데요.

'〜から(까라)'는 이유, 원인을 나타내는 '〜이므로, 〜때문에'라는 뜻으로 많이 사용되나 여기서는 종조사적으로 결의, 단정 등을 나타내는 '〜ㄹ 테니까, 〜ㄹ 테다'의 뜻으로 쓰였습니다.

기본어휘

격려하다	力づける	치카라즈께루
기운을 내다	元気を 出す	겡끼오 다스
허락하다	許す	유루스
위로하다	慰める	나구사메루

제2부 Ⅲ. 감정 표현

유용한 표현

키니 시나이데 쿠다사이 난데모 나인데스
○ **気に しないで ください。何でも ないんです。**

신경 쓰지 마세요. 아무 일도 아니에요.

지붕오 손나니 세메나이데 쿠다사이
○ **自分を そんなに せめないで ください。**

자신을 그렇게 탓하지 마세요.

히또와 민나 십빠이시마스까라
○ **人は みんな 失敗しますから。**

사람은 모두 실수를 하잖아요.

와스레떼 쿠다사이
○ **忘れて ください。**

잊어버려요.

이-에 심빠이시나이데
○ **いいえ、心配しないで。**

아니야, 걱정하지 마.

◢ 어쩔 수 없다	**止むを 得ない**	야무오 에나이
◢ 이해하다	**理解する**	리까이스루
◢ 걱정없다	**平気だ**	헤-끼다
◢ 괜찮다	**大丈夫だ**	다이죠-부다

일본문화산책

祭り(마츠리)

일본문화에서 빼놓을 수 없는 것 중 하나가 마츠리입니다. 그만큼 일본은 1년 내내 크고 작은 축제가 끊이지 않으며 점점 대중화·페스티벌화되어 해외 각지에서 마츠리를 보기 위한 관광객이 몰릴 정도가 되었습니다. 이것은 일본의 토착신앙인 신토(神道)의 영향으로 볼 수 있습니다.

일본의 3대 마츠리로는 도쿄의 간다 마츠리(神田祭り), 교토의 기온 마츠리(祇園祭り), 오사카의 덴진 마츠리(天神祭り)가 유명하고, 동북지방의 3대 마츠리로는 센다이의 다나바타 마츠리(七夕祭り), 아오모리의 네부타 마츠리(ねぶた祭り), 아키타의 간토 마츠리(竿燈祭り)가 있습니다.

마츠리의 볼거리로 빼놓을 수 없는 것이 바로 '야마보코(やまぼこ)'라고 불리우는 커다란 수레입니다. 이것을 끌기 위하여 수십 명의 사람들이 축제 전부터 마음을 합쳐 연습을 합니다. 이런 집단주의야말로 일본정신의 뿌리라고 볼 수 있습니다.

서양문화를 가장 빨리 수용하여 첨단산업의 발전을 거듭하면서도 옛것을 변함없이 지켜나가는 모습에서 우리는 '공존의 문화'를 읽을 수 있습니다.

[교토의 기온 마츠리]

Part IV 의사 표현

1. 동의할 때
2. 동의하지 않을 때
3. 의견을 물을 때
4. 잘 듣지 못했을 때
5. 좋아할 때
6. 싫어할 때
7. 더 좋은 것을 말할 때
8. 상관없을 때
9. 능력을 말할 때
10. 제안할 때
11. 제안에 대한 대답
12. 조언을 구할 때
13. 조언을 할 때
14. 이해했나 확인할 때
15. 비교할 때

주요 표현 11

(1) _{요꾸 와카리마스}
よく わかります。
네, 이해합니다.

(2) _{소레니 츠이떼 도- 오모이마스까}
それに ついて どう 思いますか。
그거에 대해서 어떻게 생각하십니까?

(3) _{모- 이찌도 옷샷떼 이타다께마스까}
もう 一度 おっしゃって いただけますか。
다시 한번 말씀해 주시겠습니까?

(4) _{모- 스꼬시 윳꾸리 오하나시 쿠다사이}
もう 少し ゆっくり お話し ください。
좀더 천천히 말씀해 주십시오.

(5) _{키니 이라나이네}
気に 入らないね。
마음에 안 들어.

제2부 Ⅳ. 의사 표현

6
도-시따라　이-데쇼-까
どうしたら いいでしょうか。
어떻게 하면 좋을까요?

7
다이죠-부데스
だいじょうぶです。
문제없습니다.

8
이- 캉가에데스
いい 考えです。
좋은 생각입니다.

9
카마이마셍
かまいません。
괜찮습니다.

10
모찌론　이-데스또모
もちろん いいですとも。
물론이고 말고요.

11
다메데스
だめです。
안 됩니다.

197

1. 동의할 때

●기본 표현

ⓐ テレビには 暴力的な シーンが たくさん あります。
　　테레비니와　보-료꾸떼끼나　시-잉가　탁상　　아리마스

텔레비전에는 너무 폭력적인 장면이 많아요.

ⓑ そうですね。全く 同感です。
　　소-데스네　　맛따꾸 도-깐데스

그래요, 전적으로 동감입니다.

 'そうですね(소-데스네)'는 '그래요, 그렇군요'라는 뜻으로, 상대방의 말에 동의하거나 수긍한다는 뜻을 전달할 때 사용합니다.

기본 어휘

■ 찬성하다	賛成する	산세-스루
■ 승낙하다	承知する	쇼-찌스루
■ 받아들이다	受け入れる	우께이레루
■ 믿다	信じる	신지루

제2부 Ⅳ. 의사 표현

유용한 표현

<ruby>あなたの</ruby> <ruby>言う</ruby> とおりです。
아나따노 이우 토-리데스

당신이 맞아요.

ごもっともです。
고못또모데스

지당하십니다.

きっと そうですよね。
킷또 소-데스요네

바로 그거에요.

言うまでも ありません。
이우마데모 아리마셍

말할 필요도 없어요.

わたしも そう 思います。
와따시모 소- 오모이마스

나도 그렇게 생각해요.

▰ 물론	もちろん	모찌롱
▰ 맞다	正しい	타다시-
▰ 확실하다	確かだ	타시까다
▰ 동감	同感	도-깡

2. 동의하지 않을 때

기본 표현

에-고와 혼또-니 나라이야스이 코또바데스네
Ⓐ **英語は 本当に 習いやすい 言葉ですね。**
영어는 정말 배우기 쉬운 말이에요.

죠-단데쇼-
Ⓑ **冗談でしょう。**
농담이시죠?

'~やすい(~야스이)'는 '동사 ます형+やすい'의 형태로 '~하기 쉽다, ~하기 편하다'의 의미를 나타냅니다. 반대되는 표현은 '동사 ます형+にくい(니꾸이)'로 '~하기 어렵다'입니다.

기본어휘

안된다	駄目だ	다메다
무리다	無理だ	무리다
말하기 어렵다	言いづらい	이-즈라이
거절하다	断わる	고또와루

제2부 IV. 의사 표현

● 유용한 표현

와따시와　소-와　오모이마셍
● **わたしは そうは おもいません。**

나는 그렇게는 생각하지 않습니다.

소노 하나시가 지지쯔까모 시레마셍가　　~또 오모이마셍까
● **その 話が 事実かも 知れませんが、~と 思いませんか。**

그 말이 사실일지 모르지만, ~라고 생각지 않나요?

아나따노　이우　토-리데쇼-께도　　~또 오모이마셍까
● **あなたの 言う とおりでしょうけど、~と 思いませんか。**

당신 말에 일리가 있지만, ~라고 생각하지 않아요?

죠-단 이와나이데　　죠-단와 고멘다와
● **冗談 言わないで。/ 冗談は ごめんだわ。**

농담하지 마세요.

젯따이니 손나　하즈가　아리마셍
● **絶対に そんな はずが ありません。**

절대로 그럴 리가 없습니다.

■ 그만두다	止める	야메루
■ 반대하다	反対する	한따이스루
■ ~할 리가 없다	~するわけがない	~스루와께가나이
■ 있을 수 없다	有り得ない	아리에나이

201

3. 의견을 물을 때

기본 표현

아따라시- 죠-시니 츠이떼 도- 오모이마스까
Ⓐ **新しい 上司に ついて どう 思いますか。**
새로 온 상사를 어떻게 생각합니까?

타이헹 아따마노 이- 히또다또 오모이마스
Ⓑ **たいへん 頭の いい 人だと 思います。**
아주 머리가 좋은 사람이라고 생각합니다.

'どう 思いますか(도- 오모이마스까) 어떻게 생각합니까?'
라고 물으면 '~だと 思います(~다또 오모이마스) ~라고 생각합니다'로 대답하면 됩니다. 또 다른 방법은 '私が 思うに
は(와따시가 오모우니와)/考えには(캉가에니와) 제가 생각하기에는'을 붙이는 방법입니다.

기본 어휘

▎질문하다	質問する	시쯔몬스루
▎의논하다	相談する	소-단스루
▎생각하다	思う／考える	오모우／캉가에루
▎묻다	問う	토우

● 유용한 표현

_{고레니 츠이떼 도- 오모이마스까}
● **これに ついて どう 思いますか。**

이것에 대해 어떻게 생각합니까?

_{도-데스까}
● **どうですか。**

어떻게 생각하세요?

_{아나따노 이껭와}
● **あなたの 意見は？**

당신의 의견은?

_{와따시가 오모우니와}
● **わたしが 思うには、〜**

내 생각으로는 〜

_{소-데스네 와따시니 키-따라}
● **そうですね。わたしに 聞いたら、〜**

글쎄요, 저에게 물어보신다면 〜

◢ 의견	意見	이껭
◢ 말해 보다	言って 見る	잇떼 미루
◢ 말씀드리다	申し上げる	모-시아게루
◢ 말을 하다	口を きく	쿠찌오 키꾸

4. 잘 듣지 못했을 때

●기본 표현

ⓐ <ruby>サンドイッチ<rt>산도잇치</rt></ruby> <ruby>一つ<rt>히또쯔</rt></ruby> <ruby>頼んで<rt>타논데</rt></ruby> <ruby>くださいませんか<rt>쿠다사이마셍까</rt></ruby>。
샌드위치 하나 시켜 줄래요?

ⓑ <ruby>すみません<rt>스미마셍</rt></ruby>。<ruby>よく<rt>요꾸</rt></ruby> <ruby>聞き取れなかったんです<rt>키끼토레나깟딴데스</rt></ruby>。
미안해요, 잘 듣지 못했어요.

'頼む(타노무)'는 원래 '부탁하다, 의뢰하다'의 뜻인데, 여기서는 '注文する(츄-몽스루)', 즉 '주문하다'의 뜻으로 쓰였습니다.

기본 어휘

■ 듣다	聞く	키꾸
■ 듣고 이해하다	聞き取る	키끼또루
■ 들리다	聞こえる	키꼬에루
■ 설명하다	説明する	세쯔메-스루

제2부 Ⅳ. 의사 표현

유용한 표현

난다또 이-마시따까
○ **何だと 言いましたか。**

뭐라고 그랬어요?

모- 이찌도 잇떼 쿠다사이
○ **もう 一度 言って ください。**

다시 한번 말해 주시겠어요?

난데슷떼   나니   난다또
○ **何ですって？/ 何？/ 何だと？**

뭐라고요?

못또 쿠와시꾸 세쯔메-시떼 쿠다사이
○ **もっと くわしく 説明して ください。**

다시 자세히 설명해 주실래요?

모- 스꼬시 윳꾸리 오하나시 쿠다사이
○ **もう 少し ゆっくり お話し ください。**

조금 더 천천히 말씀해 주세요.

■ 반복하다	繰り返す	쿠리까에스
■ 자세히	くわしく	쿠와시꾸
■ 천천히	ゆっくり	윳꾸리
■ 다시 한번	もう 一度	모- 이찌도

5. 좋아할 때

기본 표현

츄-까료-리가 스끼데스까
ⓐ **中華料理が 好きですか。**
중국 음식을 좋아하세요?

하이 스끼데스
ⓑ **はい、好きです。**
예, 좋아합니다.

'~が 好きです(~가 스끼데스)'는 '~을/를 좋아하다'로 조사가 우리말과 달리 'が(가)'가 온다는 것에 주의해야 합니다. '싫다'라는 뜻의 'きらい(키라이)'도 조사 が가 옵니다.

기본 어휘

■ 좋아하다	好きだ	스끼다
■ 즐기다	楽しむ	타노시무
■ 인기를 끌다	人気を 引く	닝끼오 히꾸
■ 잘되어 가다	うまく いく	우마꾸 이꾸

제2부 Ⅳ. 의사 표현

● 유용한 표현

와따시와　　로꼬-가　다이스끼데스
○ **わたしは 旅行が 大好きです。**
나는 여행을 정말 좋아해요.

이마와 쟈즈니　　메가　나인데스
○ **今は ジャズに 目が ないんです。**
지금은 재즈에 푹 빠져 있어요.

츠리오　타노신데　　이마스
○ **つりを 楽しんで います。**
낚시를 즐기고 있습니다.

욧또가　　스끼데스
○ **ヨットが 好きです。**
요트(타는 것)를 좋아합니다.

쵸-도　　와따시가　사가시떼이따　모노데스
○ **ちょうど わたしが 探していた ものです。**
바로 내가 찾던 것이에요.

◢ 웃다	笑う	와라우
◢ 갖고 싶다	欲しい	호시-
◢ 기대하다	期待する	키타이스루
◢ 기분	気持ち	키모찌

207

6. 싫어할 때

기본 표현

Ⓐ ビートルズに ついて どう 思いますか。
비-토루즈니 츠이떼 도- 오모이마스까

비틀즈를 어떻게 생각해요?

Ⓑ わたしは あまり 好きじゃ ありません。
와따시와 아마리 스끼쟈 아리마셍

나는 별로 좋아하지 않아요.

 'あまり(아마리)'는 뒤에 부정문이 왔을 경우에는 '그다지 (~않다)'의 뜻이고, 긍정문이 왔을 경우에는 '너무 ~하다' 의 뜻이 됩니다.

기본어휘

◼ 싫어하다	嫌いだ	키라이다
◼ 귀찮다	面倒くさい	멘도-쿠사이
◼ 소름이 끼치다	あわ立つ	아와다쯔
◼ 망설이다	迷う	마요우

제2부 Ⅳ. 의사 표현

유용한 표현

○ 아마리 보꾸노 코노미쟈 아리마셍
あまり ぼくの 好みじゃ ありません。

별로 제 취향이 아니네요.

○ 와따시와 네꼬가 키라이데스
私は 猫が きらいです。

나는 고양이를 싫어해요.

○ 다이끼라이데스
だいきらいです。

아주 싫어요.

○ 아- 히도이데스네
ああ、ひどいですね。

오, 정말 끔찍해요.

○ 와따시와 손나니 넷꼬-떼끼쟈 나인데스
わたしは そんなに 熱狂的じゃ ないんです。

나는 그렇게 열성적이지 않아요.

▰ 싫증나다	飽きる	아끼루
▰ 우습다	おかしい	오카시-
▰ 진절머리 나다	うんざりする	운자리스루
▰ 쓸데없다	無駄だ	무다다

209

7. 더 좋은 것을 말할 때

●기본 표현

^{아까이 네꾸따이가 스끼데스까   아오이 네꾸따이가 스끼데스까}
Ⓐ **赤い ネクタイが 好きですか、青い ネクタイが 好きですか。**
빨간 넥타이가 좋습니까, 파란 넥타이가 좋습니까?

^{와따시와   아까이노가   못또   스끼데스}
Ⓑ **わたしは 赤いのが もっと 好きです。**
나는 빨간 넥타이가 더 좋습니다.

'명사+〜が もっと 好きだ'는 '〜을/를 더 좋아한다'이고, '동사+〜のが もっと 好きだ'는 '〜하는 것을 더 좋아한다' 입니다. 두 가지를 비교할 때는 '〜より 〜が 好きだ(〜요리 〜가 스끼다) 〜보다 〜를 좋아한다'라는 표현도 사용할 수 있습니다.

기본어휘

■ 가장	一番	이치방
■ 많이	たくさん	탁상
■ 몹시, 대단히	たいへん／とても	타이헹/토떼모
■ 상당히	なかなか／ずいぶん	나까나까/즈이분

210 즉석 활용! 지름길 여행 일본어

제2부 IV. 의사 표현

●유용한 표현

우찌니 이타 호우가 이-데스
● うちに いた ほうが いいです。
집에 있는 게 좋습니다.

와따시와 아오이 네꾸따이요리 아까이 네꾸따이노 호우가 못또 스끼데스
● わたしは 青い ネクタイより 赤い ネクタイのほうが もっと 好きです。
나는 파란 넥타이보다 빨간 넥타이가 더 좋습니다.

와따시와 료꼬-요리 츠리노 호우가 스끼데스
● わたしは 旅行より つりの ほうが 好きです。
나는 여행보다 낚시가 더 좋습니다.

와따시와 이쯔모 타꾸시-니 노루노가 스끼데스
● わたしは いつも タクシーに 乗るのが 好きです。
나는 항상 택시 타는 것이 좋습니다.

에-가니 이꾸노가 이찌방 스끼데스
● 映画に 行くのが いちばん 好きです。
영화 보는 게 제일 좋습니다.

◢ 좀더	もっと	못또
◢ 특히	ことに	코또니
◢ 더욱더, 한층	いっそう	잇소-
◢ 훨씬	ずっと	줏또

211

8. 상관없을 때

기본 표현

돈나　　에-가가　미따이데스까
Ⓐ **どんな 映画が 見たいですか。**

어떤 영화가 보고 싶습니까?

돈나　　에-가데모　와따시니와　카마이마셍
Ⓑ **どんな 映画でも わたしには かまいません。**

어떤 영화라도 나는 상관없어요.

 'かまいません(카마이마셍)'은 '상관없다, 괜찮다'는 뜻으로, いいです(이-데스), だいじょうぶです(다이죠-부데스), けっこうです(켁꼬-데스)와 같은 표현입니다.

기본 어휘

■ 상관없다	だいじょうぶだ	다이죠-부다
■ 계속하다	続く	츠즈꾸
■ 맡기다(위임하다)	任せる	마까세루
■ 유지하다	保つ	타모쯔

제2부 Ⅳ. 의사 표현

● 유용한 표현

와따시와 도-데모 이-데스
○ **わたしは どうでも いいです。**
나는 아무래도 상관없어요.

다이죠-부데스
○ **だいじょうぶです。**
상관없어요.

와따시와 켁꼬-데스
○ **わたしは けっこうです。**
나는 상관 안 해요.

아나따가 키메떼 쿠다사이
○ **あなたが 決めて ください。**
당신이 결정하세요.

와따시와 키니 시나이데 쿠다사이
○ **わたしは 気に しないで ください。**
저는 상관하지 마세요.

■ 어쨌든	とにかく	토니카꾸
■ 어찌 되었든	なにしろ	나니시로
■ 주위에 아랑곳하지 않고	辺り構わずに	아타리카마와즈니
■ 아무래도	どうでも	도-데모

9. 능력을 말할 때

●기본 표현

<small>고노 쿠루마 슈-리데끼마스까</small>
Ⓐ **この 車、修理できますか。**
이 차 수리할 수 있어요?

<small>하이 데끼마스 마까세떼 쿠다사이</small>
Ⓑ **はい、できます。まかせて ください。**
예, 고칠 수 있습니다. 맡겨 주세요.

 자신의 능력을 말할 때는 '上手(죠-즈), まあまあ(마-마-), 下手(헤타)'로 구분해서 말할 수 있습니다. 그 뜻은 '능숙함, 그럭저럭, 서투름' 입니다.

기본 어휘

◼ 능력	能力	노-료꾸
◼ 훌륭하다	すばらしい	스바라시-
◼ 향상되다	上達する	죠-타쯔스루
◼ 처리하다	処理する	쇼리스루

제2부 Ⅳ. 의사 표현

유용한 표현

<small>하이　다이죠-부데스</small>
◉ **はい、だいじょうぶです。**
예, 문제없어요.

<small>손나　고또　아사메시마에난데스</small>
◉ **そんな こと 朝飯前なんです。**
그런 건 누워서 떡 먹기에요.

<small>와따시니와　데끼마스</small>
◉ **わたしには できます。**
나는 잘할 수 있습니다.

<small>체스와　마-마-　데끼마스</small>
◉ **チェスは まあまあ できます。**
체스는 그럭저럭 해요.

<small>고루후오　도-　야루노까　와카리마셍</small>
◉ **ゴルフを どう やるのか 分かりません。**
골프를 어떻게 치는지 몰라요.

▰ 능숙하다	上手だ	죠-즈다
▰ 느리다	遅い	오소이
▰ 둔하다	鈍い	니부이
▰ 머리가 좋다	頭が 良い	아따마가 요이

215

10. 제안할 때

●기본 표현

ⓐ 코-가이에 도라이부니 이끼마셍까
郊外へ ドライブに 行きませんか。
교외로 드라이브 갈까요?

ⓑ 소레와 이-데스네 이끼마쇼-
それは いいですね。行きましょう。
그것 좋죠. 갑시다.

 '명사+~に 行く(~니 이꾸)'는 '~하러 가다'라고 명사를 동사처럼 해석합니다. 예를 들면 '**散歩に 行く**(삼뽀니 이꾸)'의 뜻은 '산책하러 가다'로 해석됩니다.

기본어휘

■ 제안	提案	테-안
■ 권하다	勧める	스스메루
■ 고려하다	考慮する	코-료스루
■ 하고 싶다	したい	시따이

제2부 IV. 의사 표현

● 유용한 표현

유-쇼꾸니 이꾸노와   도-데스까
○ **夕食に 行くのは どうですか。**

저녁 식사하러 갈까요?

코-엔니   삼뽀니   이끼마셍까
○ **公園に 散歩に 行きませんか。**

공원으로 산책 가지 않을래요?

단스니   이끼마쇼-까
○ **ダンスに 行きましょうか。**

춤 추러 갈까요?

도코까데   오사께데모   입빠이   도-데스까
○ **どこかで お酒でも いっぱい どうですか。**

어디 가서 술 한잔 할까요?

잇쇼니   에-가니   잇따라
○ **いっしょに 映画に 行ったら？**

같이 영화 보면 어때?

▰ 마음에 두다	気にする	키니스루
▰ 개선되다	改まる	아라타마루
▰ 부탁하다	願う	네가우
▰ 요청하다	要請する	요-세-스루

11. 제안에 대한 대답

●기본 표현

곰방 야큐- 켐부쯔니 이끼마쇼-
Ⓐ **今晩、野球 見物に 行きましょう。**
오늘 저녁 야구 보러 갑시다.

소레와 이-데스네
Ⓑ **それは いいですね。**
그것 좋죠.

야구는 1872년 우리나라보다 일찍 일본에 도입되어, 바로 학교에서 운동으로 채택될 정도로 일본인 모두가 좋아하는 스포츠입니다. 일본 프로 야구팀은 Pacific League와 Central League로 나누어 경기합니다.

기본어휘

▰ 대답하다	答える	고따에루
▰ 말씀하시다	おっしゃる	옷샤루
▰ 약속하다	約束する	약소꾸스루
▰ 이야기하다	話す	하나스

218 즉석 활용! 지름길 여행 일본어

제2부 Ⅳ. 의사 표현

유용한 표현

이- 캉가에데스
○ **いい 考えです。**
좋은 생각이에요.

소레와 츠마라나이데스   소레요리   오도리니   이끼마쇼-
○ **それは つまらないです。それより、おどりに 行きましょう。**
그것은 너무 지루해요. 대신에 춤 추러 가요.

스미마셍   키가   스스마나인데스
○ **すみません。気が すすまないんです。**
미안합니다. 마음이 내키지 않는군요.

이-데스케도   이마 카에라나꾸떼와 이께마셍
○ **いいですけど、今 帰らなくては いけません。**
좋지만, 지금 가야 합니다.

이-에   나니모   시따꾸   아리마셍
○ **いいえ、何も したく ありません。**
아니요, 아무것도 하고 싶지 않아요.

▪ 좋다	良い	요이
▪ 안된다	だめだ	다메다
▪ 가능한 한	なるべく	나루베꾸
▪ 될 수 있는 한	できるだけ	데끼루다께

219

12. 조언을 구할 때

●기본 표현

와따시노 타찌바닷따라 도-시마스까
ⓐ 私の 立場だったら どうしますか。
내 입장이라면 어떻게 하겠습니까?

와따시나라 데끼루또 오모이마스
ⓑ 私なら できると 思います。
나라면 할 수 있다고 생각합니다.

 명사 뒤의 だったら(닷따라)는 '~였다면'의 뜻으로 지정의
조동사 'だ'의 과거형 'だった'의 가정형입니다.

기본어휘

■ 조언하다	アドバイス	아도바이스
■ 상의하다	相談する	소-단스루
■ 신중하다	慎重だ	신쵸-다
■ 중요하다	重要だ／大切だ	쥬-요-다／타이세쯔다

제2부 Ⅳ. 의사 표현

유용한 표현

도- 소-단시떼 쿠레마스까
○ どう 相談して くれますか。

어떻게 상담해 드릴까요?

촛또　　지깡 아리마스까　소-단시따이 고또가 아룬데스가
○ ちょっと 時間 ありますか。相談したい ことが あるんですが。

시간 좀 있으세요? 상의하고 싶은 일이 있는데요.

아나따가　와따시나라　　도-시마스까
○ あなたが わたしなら どうしますか。

당신이 나라면 어떻게 하겠습니까?

소-단시떼　이따다이따라　　아리가또-고자이마스
○ 相談して いただいたら ありがとうございます。

상담해 주신다면 고맙겠습니다.

도-시따라　이-데쇼-까
○ どうしたら いいでしょうか。

어떻게 하면 좋을까요?

◢ 예를 들다	例を あげる	레-오 아게루
◢ 할 수 있다	できる	데끼루
◢ 쉽다	易しい	야사시-
◢ 어렵다	難しい	무즈까시-

13. 조언을 할 때

●기본 표현

あたまが いたくて きもちが わるいです
Ⓐ **頭が 痛くて 気持ちが わるいです。**
머리가 아파서 기분이 안 좋아요.

わたしなら びょういんへ いきますが
Ⓑ **わたしなら 病院へ 行きますが。**
나라면 병원에 가겠어요.

명사 뒤의 'なら(나라)'는 조동사 'だ'의 가정형으로 '~라면'의 뜻입니다.

기본어휘

▎그렇지 않으면	それとも	소레또모
▎그렇지만	けれども	케레도모
▎그리고	そして	소시떼
▎그러나	しかし	시까시

제2부 Ⅳ. 의사 표현

● 유용한 표현

와따시가　히또쯔 잇떼모　　이-데스까
○ わたしが 一つ 言っても いいですか。

제가 한 말씀 드려도 될까요?

와따시와　아나따가 뵤-인니 이까나께레바　나라나이또　오모이마스
○ わたしは あなたが 病院に 行かなければ ならないと 思います。

나는 당신이 병원에 가야 한다고 생각해요.

뵤-인니　이까나께레바　　나라나이또　　오모이마셍까
○ 病院に 行かなければ ならないと 思いませんか。

병원에 가야 한다고 생각하지 않나요?

호까노 파-또데 하따라꾸 고또니 츠이떼 캉가에떼 미따 고또가 아리마스까
○ ほかの パートで 働くことについて 考えて みた ことが ありますか。

다른 파트에서 근무하는 것을 생각해 본 적이 있습니까?

손나니　싱꼬꾸니 나라나이데
○ そんなに 深刻に ならないで。

너무 깊게 생각하지 마.

◢ 그런데	ところが	토꼬로가
◢ 그래서	それで/そこで	소레데/소꼬데
◢ 따라서	従って	시따갓떼
◢ 왜냐하면	なぜならば	나제나라바

223

14. 이해했나 확인할 때

● 기본 표현

와카리마시따까
Ⓐ 分かりましたか。

이해했나요?

하이 와카리마시따
Ⓑ はい、分かりました。

예, 이해했습니다.

 '分かる(와까루)'와 '知る(시루)'는 둘다 '알다'로 해석되지만, '分かる'는 '이해하다'에 가깝고 '知る'는 '배워 알게 되다'에 가깝기 때문에 미묘한 차이가 있습니다.

기본어휘

깨닫다	気が付く	키가 츠꾸
주의깊다	注意深い	츄-이부카이
알다	知る	시루
이해하다	分かる	와카루

제2부 Ⅳ. 의사 표현

유용한 표현

○ **わたしが 何を 言って いるか 理解できますか。**
와따시가　나니오 잇떼　이루까　리카이데끼마스까

내 말 알겠어요?

○ **分かる？**
와카루

알겠어?

○ **はい、理解できます。**
하이　리카이데끼마스

예, 알겠습니다.

○ **納得が 行きます。**
낫또꾸가　이끼마스

납득이 갑니다.

○ **納得が 行きません。**
낫또꾸가　이끼마셍

납득이 가지 않습니다.

■ 상세하다	詳しい	쿠와시-
■ 확인하다	確かめる	타시까메루
■ 정확히	正確に	세-까꾸니
■ 확실히	はっきり	학끼리

15. 비교할 때

기본 표현

ⓐ **ゲームは どうでしたか。**
게-무와 도-데시따까

경기는 어땠습니까?

ⓑ **この 間ほど おもしろく なかったです。**
고노 아이다호도 오모시로꾸 나깟따데스

지난번만큼 재미있지 않았어요.

 형용사의 부정형을 만드는 방법은 어미 'い(이)'가 없어지고 '~く ありません(~꾸 아리마셍), ~く ないです(~꾸 나이데스)'가 붙습니다. な형용사인 경우에는 'な'가 없어지고 '~じゃ[では] ありません[ないです](~쟈[데와] 아리마셍[나이데스])'가 붙습니다.

기본어휘

■ 비교하다	比較する	히까꾸스루
■ ~보다	より	요리
■ 구분하다	分ける	와케루
■ 비슷하다	似ている	니떼이루

제2부 IV. 의사 표현

유용한 표현

○ 汽車より 車で 行く ほうが もっと 安いです。
　키샤요리　쿠루마데 이꾸 호-가　못또　야스이데스

　기차보다 차로 가는 것이 더 싸요.

○ 山田さんは 田中さんより 高いです。
　야마다상와　다나까상요리　타까이데스

　야마다씨는 다나카씨보다 더 커요.

○ 昨日は いつもより はやく 休みました。
　키노-와　이쯔모요리　하야꾸　야스미마시따

　어제는 평소보다 일찍 잤습니다.

○ 野球は サッカーより もっと 興味深いです。
　야큐-와　삭까-요리　못또　쿄-미부까이데스

　야구는 축구보다 더 흥미롭습니다.

○ わたしは サッカーより 野球の ほうが 好きです。
　와따시와　삭까-요리　야큐-노 호-가　스끼데스

　저는 축구보다 야구를 더 좋아해요.

◢ 시험해 보다	試す	타메스
◢ 조사하다	調べる	시라베루
◢ 다르다	違う	치가우
◢ 같다	同じだ	오나지다

일본의 연극

일본은 중국과 함께 연극이 발달한 나라입니다. 고전연극들이 아직도 활발하게 공연되고 있으며, 종류도 많을 뿐 아니라 각각 특색을 지니고 있습니다.

- **노(能)** : 노는 원래 흉내내기에서 시작된 것으로 14세기 중엽에 완성된 이래 계속 무사의 예능으로 추앙받고 육성되어 왔습니다. 노의 특색은 리듬 있는 가사를 읊는 것과 고전음악과 배우의 상징적인 움직임, '노멘(能面)'이라는 가면을 쓴다는 것입니다.
- **가부키(歌舞伎)** : 가부키는 본질적으로 노보다 대중적인 극장예술입니다. 리듬 있는 광대의 대사, 독특한 춤, 샤미센의 음악, 화려한 의상, 과장된 분장, 세련된 무대장치 등이 잘 조화되어 가부키의 특징을 이루고 있습니다. 가부키는 원래 17세기의 이즈모신사(出雲神社)의 아쿠니(阿国)라는 무녀(巫女)의 춤에서 시작된 것으로, 윤락여성들이 많이 모방하였습니다. 그러나 이는 풍속상 폐해가 커서 금지하기에 이르렀습니다. 그 이후부터 지금까지 가부키에는 여배우가 존재하지 않고 모든 역할을 남성들이 대신하게 되었습니다.
- **분라쿠(文楽)** : 일본의 3대 고전연극 중의 하나인 분라쿠는 17세기 때부터 성행한 것으로 일종의 인형극입니다. 분라쿠에 사용하는 인형은 목, 몸통, 손, 발, 그리고 옷 등으로 되어 있습니다. 세 사람이 한 인형을 조종하며, 일본 고유의 현악기인 샤미센(三味線)의 반주로 음곡에 맞추어 움직입니다.

Part V 일상의 기본 표현

1. 칭찬할 때
2. 도움을 줄 때
3. 도움 제의를 받았을 때
4. 허락을 구할 때 ①
5. 허락을 구할 때 ②
6. 초대할 때
7. 초대에 대한 대답
8. 손님을 대접할 때
9. 주의를 줄 때
10. 위로할 때
11. 사람을 묘사할 때

주요 표현 11

(1) 카노죠와 혼또-니 신세쯔데스네
彼女は 本当に 親切ですね。
그녀는 정말 친절하시네요.

(2) 데끼루 카기리 오테쯔다이 이타시마스
できる 限り お手伝い いたします。
될 수 있는 한 도와드리겠습니다.

(3) 아소비니 이랏샤이
遊びに いらっしゃい。
놀러오세요.

(4) 도-조 오아가리 쿠다사이
どうぞ お上がり ください。
어서 오세요.

(5) 도-조 오라꾸니 낫떼 쿠다사이
どうぞ お楽に なって ください。
자, 편히 앉으세요.

제2부 Ⅴ. 일상의 기본 표현

(6)
오마네끼　이타다끼마시떼　　아리가또-고자이마스
お招き いただきまして ありがとうございます。
초대해 주셔서 감사합니다.

(7)
손나니　　카나시마나이데　쿠다사이
そんなに 悲しまないで ください。
너무 슬퍼하지 마세요.

(8)
신라이데끼루　　히또데스
信頼できる 人です。
믿을 수 있는 사람입니다.

(9)
스꼬시 오네가이시따이　　고또가　　아루노데스가
少し お願いしたい ことが あるのですが。
좀 부탁드리고 싶은 게 있는데요.

(10)
타바꼬오　슷떼모　　이-데스까
たばこを 吸っても いいですか。
담배 한 대 피워도 됩니까?

(11)
스꼬시 캉가에사세떼　쿠다사이
少し 考えさせて ください。
좀 생각할 여유를 주십시오.

231

1. 칭찬할 때

●기본 표현

ⓐ **ネクタイ すてきですね。ほんとうに 似合いますよ。**
네꾸따이 스떼끼데스네 혼또-니 니아이마스요
넥타이가 멋있네요. 정말 잘 어울려요.

ⓑ **そう 言って くれて ありがとう。**
소- 잇떼 쿠레떼 아리가또-
그렇게 말해 줘서 고마워요.

한복과 같이 일본인의 전통적인 의복은 '着物(키모노)'입니다. 기모노는 허리를 끈으로 묶는 의복입니다. 아름답고 값비싼 비단으로 만들어지지만 보통 일상적인 의복의 의미도 포함되어 사용하기도 합니다.

기본어휘

■ 칭찬하다	誉める	호메루
■ 귀엽다	可愛い	카와이-
■ 부럽다	うらやましい	우라야마시-
■ 영리하다	利口だ	리꼬-다

제2부 V. 일상의 기본 표현

유용한 표현

_{헤아스따이루가   스바라시-데스네}
○ ヘアスタイルが すばらしいですね。

헤어 스타일이 멋있는데요.

_{혼또-니   우츠꾸시- 도레스데스네}
○ ほんとうに 美しい ドレスですね。

정말 아름다운 드레스군요.

_{토떼모   립빠나   쿠루마데스네}
○ とても 立派な 車ですね。

아주 훌륭한 차에요.

_{아나따   칵꼬-   요꾸   미에마스네}
○ あなた、かっこう よく 見えますね。

당신 멋있어 보이는데요.

_{요꾸   데끼마시따   요꾸 야리마시따}
○ よく できました。/ よく やりました。

잘 해냈어요.

■ 용감하다	勇ましい	이사마시-
■ 아름답다	美しい	우츠꾸시-
■ 예쁘다	きれいだ	키레이다
■ 훌륭하다	立派だ	립빠다

233

2. 도움을 줄 때

기본 표현

가방   오모찌시마스
Ⓐ **かばん、お持ちします。**
가방을 들어 줄게요.

아 아리가또-고자이마스   오모이데스까라 키오 츠께떼 쿠다사이
Ⓑ **あ、ありがとうございます。重いですから、気をつけてください。**
아, 감사합니다. 무거우니까 조심하세요.

 일본어에서는 존경의 접두어로 'お(오)'와 'ご(고)'가 쓰입니다. 일반적으로 'ご'보다는 'お'가 많이 쓰이는데, 상대방의 소유물이나 관계되는 명사·형용사 앞에 붙입니다. 'ご'는 주로 한자어에 많이 쓰입니다.

기본 어휘

■ 보살피다	世話する	세와스루
■ 빌려주다	貸す	카스
■ 주다	くれる	쿠레루
■ 도와주다	手伝う	테쯔다우

제2부 V. 일상의 기본 표현

● 유용한 표현

테쯔다이마쇼-까
◎ 手伝いましょうか。

도와드릴까요?

복꾸스　　하꼬부노오　　테쯔다이마스
◎ ボックス 運ぶのを 手伝います。

박스 나르는 것을 도와 줄게요.

고미　스테떼　키마스까
◎ ごみ、捨てて きますか。

(내가) 버려 줄까요?

테쯔닷떼　　아게마쇼-까
◎ 手伝って あげましょうか。

도와 드릴까요?

아나따노　　타메니　　와따시가　　야리마스
◎ あなたの ために、わたしが やります。

당신을 위해서 내가 해 줄게요.

■ 해주다	してやる	시떼야루
■ 진정으로	心から	코꼬로까라
■ 힘껏	精一杯	세-입빠이
■ 함께, 같이	一緒に	잇쇼니

235

3. 도움 제의를 받았을 때

● 기본 표현

오사라아라이　　테쯔다이마쇼-까
Ⓐ **おさらあらい、手伝いましょうか。**
설거지 하는 것을 도와 줄까요?

아리가또-　　데모　히또리데　켁꼬-데스
Ⓑ **ありがとう。でも、一人で けっこうです。**
고마워요. 하지만 혼자 할 수 있습니다.

 'けっこう(켁꼬-)'는 '훌륭함, 좋음'의 뜻으로 정중하게 사양할 때 '괜찮음, 이제 됐음'의 뜻으로 쓰입니다. 비슷한 말로는 'だいじょうぶ(다이죠-부)'가 있습니다.

기|본|어|휘

■ 모두, 모조리	すべて	스베떼
■ 빈틈없이	ちゃんと	챤또
■ 열심히	一生懸命に	잇쇼-껨메-니
■ 정말로	本当に	혼또-니

제2부   V. 일상의 기본 표현

● 유용한 표현

아   소-시떼   쿠레마스까   스미마센네
○ **あ、そうして くれますか。すみませんね。**
아, 그렇게 해주실래요. 미안해요.

테쯔닷떼   쿠다사루   난떼   코꼬로야사시-데스네
○ **手伝って くださる なんて、心優しいですね。**
도와 주신다니 매우 친절하시군요.

다이죠-부데스   켁꼬-데스
○ **だいじょうぶです。/ けっこうです。**
괜찮습니다.

이-에   심빠이시나이데   쿠다사이
○ **いいえ、心配しないで ください。**
아니에요, 걱정하지 마세요.

데와   도-까   요로시꾸   오네가이시마스
○ **では、どうか よろしく お願いします。**
그럼, 어떻게 잘 좀 봐 주십시오.

◢ 직접	直接	쵸꾸세쯔
◢ 혼자서	一人で	히토리데
◢ 각자	それぞれ	소레조레
◢ 다음에	次に	츠기니

4. 허락을 구할 때 ①

● 기본 표현

Ⓐ ここで たばこを 吸っても いいでしょうか。
　　고꼬데　타바꼬오　숫떼모　이-데쇼-까

　여기서 담배를 피워도 될까요?

Ⓑ わたしは かまいませんけど。
　　와따시와　카마이마셍께도

　저는 상관없습니다만.

 문장 끝의 'けど(케도)'는 'けれど(케레도)'의 준말로, 'が(가)'와 같은 뜻입니다. 뒤를 말하다 마는 형식으로 완곡한 기분을 나타냅니다. '~만, ~마는'의 뜻입니다.

기본 어휘

▌부탁하다	頼む	타노무
▌안된다(금지)	いけない	이께나이
▌어서(허가)	どうぞ	도-조
▌주세요	ください	쿠다사이

제2부 Ⅴ. 일상의 기본 표현

● 유용한 표현

찬네루오　마와시떼모　카마이마셍까
○ **チャンネルを まわしても かまいませんか。**
채널을 바꿔도 괜찮겠어요?

와따시와　카마이마셍
○ **わたしは かまいません。**
저는 괜찮습니다.

도-조
○ **どうぞ。**
얼마든지요.

소-데스네　소레와　춋또　코마리마스네
○ **そうですね。それは ちょっと 困りますね。**
글쎄요. 그건 좀 곤란한데요.

고노　홍오　카리떼　잇떼모　이-데스까
○ **この 本を 借りて いっても いいですか。**
이 책을 빌려가도 되나요?

■ 해드리다	してあげる	시떼아게루
■ 곤란하다	困る	코마루
■ 거절당하다	断わられる	고또와라레루
■ 요청하다	要請する	요-세-스루

239

5. 허락을 구할 때 ②

기본 표현

아노- 쿄- 쿠루마 카리라레마스까
Ⓐ **あのう、今日、車、借りられますか。**
제가 오늘 차를 빌릴 수 있을까요?

하이 도-조
Ⓑ **はい、どうぞ。**
예, 그럼요.

동사의 가능형을 만들 때는 동사의 어간에 '~られる(라레루)'를 붙입니다. 예를 들면 '借りる(카리루) 빌리다'의 어간은 '借り(카리)'이므로 '借りられる'가 되어 '빌릴 수 있다'의 뜻이 됩니다.

기본어휘

~해도 좋다	~ても いい	떼모 이-
~해서는 안된다	~ては いけない	떼와 이께나이
~하지 않으면 안된다	~なければ いけない	나께레바 이께나이
~하지 않아도 좋다	~なくても いい	나꾸떼모 이-

제2부 V. 일상의 기본 표현

● 유용한 표현

○ **あしたまで カメラ 借りられますか。**
아시따마데 카메라 카리라레마스까

내일까지 카메라를 빌릴 수 있을까요?

○ **ここに 車を とめても いいですか。**
고꼬니 쿠루마오 토메떼모 이-데스까

여기서 주차를 해도 됩니까?

○ **もちろんです。**
모찌론데스

물론이죠.

○ **すみませんが、それは 困ります。**
스미마셍가 소레와 코마리마스

미안하지만 그건 곤란합니다.

○ **ごめん。だめだよ！/ ごめん。いけないよ。**
고멩 다메다요 고멩 이께나이요

미안하지만, 안 돼!

■ 꼭	きっと	킷또
■ 우선	まず	마즈
■ 응(승낙, 긍정)	うん	웅
■ 싫어, 아냐	いや	이야

6. 초대할 때

●기본 표현

콘도노   니찌요-비 에-가니 이끼마셍까
Ⓐ **こんどの 日曜日 映画に 行きませんか。**
이번 일요일에 영화 보러 가지 않을래요?

이-데스요
Ⓑ **いいですよ。**
좋아요.

 상대방의 의사를 완곡하게 물어볼 때는 '~하지 않겠습니까?'처럼 부정어로 물어봅니다. 이럴 때 'いいえ(이-에)'로 대답하면 '아니오 (~하겠습니다)'로 긍정적인 대답이 됩니다. 따라서 '~に 行きませんか(~니 이끼마셍까) ~하러 가지 않겠습니까?'의 긍정은 'いいえ、行きます(이-에 이끼마스)'로 '아니오, 가겠습니다'입니다.

기본 어휘

■ 초대하다	招く	마네꾸
■ 파티	パーティー	파-띠-
■ 연회	宴会	엥까이
■ 연극	芝居／演劇	시바이／엥게끼

제2부 V. 일상의 기본 표현

유용한 표현

콩야　엥게끼와　도-데스까
○ **今夜 演劇は どうですか。**
오늘 저녁에 연극을 보러 가는 것이 어때요?

바스껫또보-루가　　　　시따이데스까
○ **バスケットボールが したいですか。**
농구 경기를 하고 싶어요?

삼뽀시따라　　도-데스까　　삼뽀스루노와　　　도-데스까
○ **散歩したら どうですか。/ 散歩するのは どうですか。**
산책하는 것이 어때요?

와따시타찌와 콩야 야큐- 켐부쯔니 이꾼다께도 잇쇼니 이끼마셍까
○ **私たちは今夜 野球 見物に 行くんだけど、いっしょに 行きませんか。**
우리는 오늘밤에 야구 경기를 보려고 하는데 같이 가실래요?

콩야　파-티-가　　　　아룬데스가　　　키마셍까
○ **今夜 パーティーが あるんですが、来ませんか。**
오늘 저녁에 파티를 하는데 오실래요?

◢ 연주회	演奏会	엔소-까이
◢ 음악회	音楽会	옹각까이
◢ 영화	映画	에-가
◢ 스포츠	スポーツ	스뽀-쯔

243

7. 초대에 대한 대답

●기본 표현

코-히- 입빠이 도-데스까
Ⓐ **コーヒー いっぱい どうですか。**
커피 한잔 같이 하시겠어요?

이-데스네   아리가또-
Ⓑ **いいですね。ありがとう。**
좋아요. 고마워요.

'찾다, 방문하다'는 '**訪ねる**(타즈네루), **訪れる**(오토즈레루)' 라고 하는데, 겸손하게 표현할 때는 '**伺う**(우카가우)'라고 합니다.

기본어휘

▰ 접대	**接待**	셋따이
▰ 마중	**迎え**	무까에
▰ 마중나가다	**出迎える**	데무까에루
▰ 방문	**訪問**	호-몽

제2부 V. 일상의 기본 표현

●유용한 표현

소레와 이-데스네
○ **それは いいですね。**
그거 좋죠.

소-시마스
○ **そうします。**
그러죠.

이-데스께도 데끼루까 도-까 와카리마셍
○ **いいですけど、できるか どうか 分かりません。**
좋지만 그렇게 할 수 있을지 잘 모르겠어요.

아리가또-고자이마스 데모 이마와촛 또 이소가시-데스
○ **ありがとうございます。でも、今は ちょっと 忙しいです。**
고맙지만 지금 조금 바빠요.

와따시모 아이따인데스께도 시고또가 아리마시떼
○ **わたしも 会いたいんですけど、仕事が ありまして。**
저도 만나고 싶지만, 일을 해야 될 것 같아요.

■ 사양	遠慮	엔료
■ 찾아뵙다	伺う	우카가우
■ 뜻밖의	案外	앙가이
■ 바쁘다	忙しい	이소가시-

245

8. 손님을 대접할 때

● 기본 표현

ⓐ こんにちは。どうぞ お上がり ください。
　곤니찌와　 도-조　 오아가리　 쿠다사이

안녕하세요. 어서 들어오세요.

ⓑ どうも。立派な 家ですね。
　도-모　 립빠나　 이에데스네

고마워요. 집이 좋군요.

> 일본 사람들은 우리나라 사람들과 달리 현관에서 신발을 벗어 놓을 때 반드시 신발을 밖을 향하게 돌려놓는 습관이 있습니다. 남의 집을 방문할 때는 이 점에 주의해야 합니다.

기본어휘

집	家	이에
현관	玄関	겡깡
응접실	応接間	오-세쯔마
거실	居間	이마

제2부 V. 일상의 기본 표현

유용한 표현

오우찌다또 오못떼 윳꾸리   시나사이
- **おうちだと 思って ゆっくり しなさい。**

 집처럼 생각하세요.

코-또와   고찌라니
- **コートは こちらに。**

 코트를 이리 주세요.

도-조   오스와리 쿠다사이   코-히-와   이카가데스까
- **どうぞ、お座り ください。コーヒーは いかがですか。**

 앉으세요. 커피를 드릴까요?

쿡끼-데스   도-조
- **クッキーです。どうぞ。**

 쿠키입니다. 많이 드세요.

코-히-니   시마스까 오쨔니   시마스까
- **コーヒーに しますか、お茶に しますか。**

 커피를 드시겠습니까, 차를 드시겠습니까?

◢ 화장실	お手洗い/トイレ	오테아라이/토이레
◢ 집주인	大家	오-야
◢ 부엌	台所	다이도꼬로
◢ 소파	ソファー	소화-

9. 주의를 줄 때

● 기본 표현

Ⓐ **気を つけて! トラックが くるわよ。**
　　키오　츠께떼　　토락꾸가　　쿠루와요
조심해요! 트럭이 와요!

Ⓑ **教えて くれて ありがとうございます。**
　　오시에떼　쿠레떼　　아리가또-고자이마스
알려 줘서 고마워요.

 気を つけて(키오 츠께떼)는 '주의해, 조심해'란 뜻으로, 뒤에 ください(쿠다사이)가 생략된 명령형입니다. 헤어질 때 인사처럼 사용하기도 합니다.

기본어휘

■ 조심하다	気を つける	키오 츠께루
■ 출입금지	立ち入り禁止	타찌이리킨시
■ 통행금지	通行止め	츠-코-도메
■ 촬영금지	撮影禁止	사쯔에-킨시

제2부 V. 일상의 기본 표현

● 유용한 표현

유단시나이데　쿠다사이
○ 油断しないで ください。

방심하지 마세요.

나니오　시떼모　우고까나이데　쿠다사이
○ 何を しても 動かないで ください。

무엇을 하든 간에 움직이지 마세요.

미찌까라　도이떼
○ 道から どいて!

길에서 비켜 서요!

라이온노　사꾸까라　우시로에　사갓떼　쿠다사이
○ ライオンの さくから 後ろへ 下がって ください。

사자 우리에서 물러서요.

덴센니　후레나이데　쿠다사이
○ 電線に 触れないで ください。

전선을 만지지 마세요.

▌주차금지	駐車禁止	츄-샤킨시
▌추월금지	追い越し禁止	오이꼬시킨시
▌당기다	引く	히꾸
▌밀다, 누르다	押す	오스

10. 위로할 때

●기본 표현

ⓐ **とても 悲しい。**
토떼모 카나시-
너무나 슬퍼요.

ⓑ **明るい ところだけ 見るように 努力して みなさい。**
아까루이 토꼬로다께 미루요-니 도료꾸시떼 미나사이
밝은 면만 보도록 노력해 봐요.

 긍정문에서 '~만, ~뿐'을 나타낼 때는 'だけ(다께)'를 사용하지만, 부정문에서는 'しか(시까)'를 사용합니다. 예를 들면 'これだけ あります(고레다께 아리마스)'는 '이것만 있습니다'가 되지만 'これしか ありません(고레시까 아리마셍)'은 '이것밖에 없습니다'가 됩니다.

기본어휘

■ 위로하다	慰める	나구사메루
■ 잊다	忘れる	와스레루
■ 분발하다	頑張る	감바루
■ 마음편히 쉬다	ゆっくりする	육꾸리스루

250 즉석 활용! 지름길 여행 일본어

제2부 V. 일상의 기본 표현

● 유용한 표현

○ **がんばって ください。こんどは パスできますよ。**
감밧떼 / 쿠다사이 / 콘도와 / 파스데끼마스요

힘 내세요. 다음번에는 할 수 있을 겁니다.

○ **さあ、さあ、落ち着いて。**
사- / 사- / 오찌츠이떼

자, 자, 진정해요.

○ **みんな よく なるよ。**
민나 / 요꾸 / 나루요

모든 것이 잘될 거에요.

○ **しっかりして。だいじょうぶですよ。**
식까리시떼 / 다이죠-부데스요

정신차려요. 괜찮을 거에요.

○ **そんなに 心配しないで。**
손나니 / 심빠이시나이데

너무 걱정하지 마세요.

▰ 이루어지다	成る	나루
▰ 다시 하다	やり直す	야리나오스
▰ 깨닫다	悟る	사또루
▰ 기다리다	待つ	마쯔

11. 사람을 묘사할 때

● 기본 표현

Ⓐ **妹さんは どんな 人ですか。**
이모-또상와 돈나 히또데스까

당신 여동생은 어떻게 생겼나요?

Ⓑ **妹は 背が わたしと 同じくらいで、長い 髪を して います。**
이모-또와 세가 와따시또 오나지쿠라이데 나가이 카미오 시떼 이마스

여동생은 키가 나 정도이고 긴 머리를 하고 있지요.

 사람의 외형을 묘사할 때는 '~て います/~て あります(~떼 이마스/~떼 아리마스)'의 형태로 상태형을 사용합니다.

기본어휘

▌낙천적이다	呑気だ	농끼다
▌소극적이다	消極的だ	쇼-쿄꾸떼끼다
▌성실하다	真面目だ	마지메다
▌정직하다	正直だ	쇼-지끼다

252 즉석 활용! 지름길 여행 일본어

제2부 V. 일상의 기본 표현

● 유용한 표현

카레와 와따시요리　스꼬시 다까이데스
○ **彼は わたしより 少し 高いです。**
그는 나보다 키가 조금 커요.

카레와 스꼬시 후톳떼　이마스
○ **彼は 少し 太って います。**
그는 약간 살이 쪘어요.

히또비또와 카레오 키비시- 히또다또 잇떼　이마스
○ **人々は 彼を 厳しい 人だと 言って います。**
사람들은 그가 엄격하다고 해요.

카레와 민나니　신세쯔다또　이와레떼　이마스
○ **彼は みんなに 親切だと 言われて います。**
모두들 그가 친절하다고 합니다.

카노죠노　세이카꾸와 토떼모　가이꼬-가따데스
○ **彼女の 性格は とても 外向型です。**
그녀의 성격은 매우 외향적이에요.

◢ 적극적이다	**積極的だ**	섹꾜꾸테끼다
◢ 근사하다	**格好いい**	칵꼬-이-
◢ 멋지다	**素敵だ**	스떼끼다
◢ 키가 작다	**背が低い**	세-가 히꾸이

일본문화산책

일본의 온천

일본의 온천 관광여행은 유명합니다. 온천에 가서 2박 3일 정도 머물면서 그곳의 식사도 즐기고 여유롭게 목욕을 즐기는 것은 잊지 못할 경험이 될 것입니다.

방은 대개 다다미가 깔린 일본식 방으로, 방 한가운데에 테이블과 일본식 등받이 의자가 놓여져 있고, 테이블에는 차를 마실 수 있는 뜨거운 물이 항상 놓여져 있습니다. 저녁식사 준비와 잠자리 준비는 시중을 들어주는 아주머니 한 분이 해주는데, 식사는 대부분 아침은 간단한 부페식에 저녁은 일본식으로 양도 많고 상차림도 고급스럽습니다. 온천에서는 방마다 준비되어 있는 유카타(浴衣)라는 일본식 실내복에 게다를 신는데, 유카타는 가운같이 생긴 면옷에 허리띠를 돌려 묶는 형태로 이것을 입은 채 묵고 있는 온천 안을 돌아다닐 수 있습니다. 온천은 대개 거품탕, 약초탕, 온탕, 냉탕, 한증막, 노천온천 등으로 구성되어 있습니다.

일본의 유명한 온천 관광지로는 '지고쿠(地獄) 순회'로 유명한 규슈(九州)의 벳푸(別府) 온천, 하코네(箱根) 온천과 '유모미오도리(湯もみ踊り)'로 유명한 구사쓰(草津) 온천 등이 있습니다.

부록

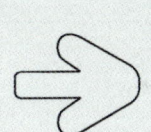

여행노트

여행자 메모

성명(Name)	생년월일(Date of Birth)
국적(Nationality)	직업 및 직장명(Occupation) Tel.
현주소(Home Address) Tel.	
일본 연락처(Address in J.) Hotel Tel.	
여권 번호(Passport No.)	
비자 번호(Visa No.)	
항공권 번호(Air Ticket No.)	
여행자수표 번호(Traveler's Check No.)	
크레디트카드 번호(Credit Card No.)	
항공기편명(Flight Name)	
출발지(Departed from)/목적지(Destination)	

여행노트

여행노트

즉석 활용!
지름길 여행 일어

초판 1쇄 발행 2004년 5월 15일
4쇄 발행 2007년 11월 25일

엮은이 편집부
발행인 박해성
발행처 정진출판사

등록일자 1989. 12. 20. 등록번호 6-95
주소 서울시 성북구 석관2동 341-48호
대표전화 02)969-8561
팩스 02)969-8592
ISBN 89-5700-016-X
홈페이지 www.jeongjinpub.co.kr

정가 6,000 원

혼자서 배우고 익히는 초보 중의 왕초보!

21세기 신경향 첫걸음 시리즈

21세기 신경향 일본어첫걸음

- 과학적이면서 체계적인 학습전개, 상세한 문법설명과 다양한 연습문제, 기본적인 회화실력을 키우는 살아있는 일본어
- 최윤경 著 / 정가 9,900원
- 4×6배판 224면 / 카세트(TAPE 3개), 별책부록 포함

21세기 신경향 중국어첫걸음

- 초보 학습자의 눈높이에 맞추어 기초표현을 손쉽게 익히는 데 주안점을 두고, 꼭 필요한 내용을 반복하여 연습하고 재차 삼차 확인하고 지나가는 완전학습의 방법을 강화한 신경향 중국어 첫걸음 교재
- 박신영 著 / 정가 9,900원
- 4×6배판 256면 / 카세트(TAPE 3개), 별책부록 포함

21세기 신경향 영어첫걸음

- 기본적인 의사소통이 가능한 살아 있는 영어, 반복학습을 통한 기초영어 정복
- 임순주 著 / 정가 9,500원
- 4×6배판 224면 / 카세트(TAPE 3개), 별책부록 포함

쉽고 재미있게 생활 회화를 배울 수 있다!

일상 생활 회화 시리즈

언제 어디서나 통하는 상황 일본어회화 124

- 외국어 학습자라면 누구나 경험했을 특정 상황들을 총 124장면으로 설정하여 어떤 상황에 처하든지 부드럽게 회화를 이끌어갈 수 있도록 꾸민 일본어 회화집
- 편집부 編 / 정가 8,000원
- 4×6판 288면 / 카세트(TAPE 2개) 포함

언제 어디서나 통하는 상황 중국어회화 124

- 일상생활에서 자주 일어나는 16장면, 총 124가지의 상황을 간략한 중국어 표현으로 정리한, 초·중급 학습자들이 손쉽게 필요한 표현을 찾아 공부할 수 있는 회화 학습서
- 편집부 編 / 정가 8,000원
- 4×6판 288면 / 카세트(TAPE 2개) 포함

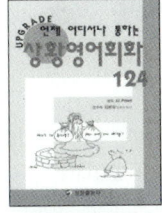

언제 어디서나 통하는 상황 영어회화 124

- 일상생활에서 일어날 수 있는 여러가지 상황을 124개로 설정해서 그에 맞는 기본표현과 자주 쓰이는 표현을 실은 살아 있는 영어 회화집
- JJ. Press 著 / 정가 8,000원
- 4×6판 288면 / 카세트(TAPE 2개) 포함

해외 어느 곳에서도 통한다!
즉석활용! 지름길 여행 회화 시리즈

지름길 여행 일어, 중국어, 영어는 해외여행을 떠나기 전 짧은 시간 안에 생활회화를 익힐 수 있도록 만든 기초 회화집으로, 여행 중 발생할 수 있는 여러 상황에 대비하여 그때그때 필요한 회화와 단어를 우리말 토와 함께 정선·수록함으로써 즉석에서 활용할 수 있도록 하였습니다.

● 편집부 編 / 국반판 272면 / 각 권 정가 6,000원

"정진출판사는 좋은 어학교재를 만들기 위해 최선을 다하고 있습니다."

정진출판사 jeongjinpub.c o.kr / Tel. (02) 969-8561